日本長暢10年
銷售破146萬冊全新改訂版！

「日本地理」
大補帖

後藤武士——著

前言

　　本書是作者 2009 年以文庫版編寫的《一讀就懂！ 日本地理》實際修訂版製作而成。該書在出版業不景氣下，還可以穩定加刷，是因為長久以來受到許多朋友的愛顧，非常感謝。

　　對於中高年齡的讀者，可將本書當成文化散文；對青年和大學生則可作為重新學習的書籍；對於面對各種考試以及國高中等的考生，則可作為教科書的補充教材。不管是對本書或是筆者而言，能運用於各種用途都讓人喜出望外。藉由此機會，想再次表達感謝。

　　其實增修版的製作是很沉重的工作。當時到現今不到十年的時間裡日本有了很大轉變。筆者認為平成是個沉靜卻也激動的時代。

　　對日本和日本人而言，平成也是個考驗的年代──災害頻傳、產業空洞化、核災事故、各種公共建設老舊化、從都市中空化再次回歸都市、核心家庭到單獨世帶、首都圈人口集中和地方衰退。就算沒有將經歷對外戰爭的極度幸運計入，日本還是經歷了一個嚴酷的時代。

　　在事前調查的階段，就陸續體會到與執筆文庫版當時不同的重大變化──許多企業、事業所和工廠的統合廢業不斷在進展；生產量和漁獲量也降低了；因火山噴火活動變成禁止進入的觀光勝地。對於痛苦中的日本感到失望落淚，難以平復的心情讓我好幾次都想放棄這份工作。

　　但是在對抗這種悲嘆的同時，持續調查的過程讓我的認知有所改變。雖然不大，但還是找到了希望。

　　如果過去沒有一個理想的形象，便只能對日本失去信心了吧，但是為了能在新時代中求得繁榮，在現今這個時期努力不懈，我想還是仍有一絲希望吧！

　　工業區土地在住宅化以及商業用地的影響，雖然造成產業空洞化，卻能掌握都市圈擴大的先機；許多農業與水產業

在邁向品牌化的影響下，朝重質不重量的經營方向發展，進而掌握市場脈動。

到處都能聽到「日本已非開發中國家」的説法，但並非完全正確，日本只是個傳統發展結束的國家。當然，應該可以説是發展完全的國家，我們模仿著祖先們的偉業、摸索著新時代與社會發展的軌跡，各種產業也隨著時代演變與現實持續磨合。

最後，只要有任何一位讀者在文字之旅中從此書得到幫助，這本書也就發揮了其價值。

後藤武士

本書的使用方法

1. 由於已進行分區，可以從感興趣的地區開始閱讀。

2. 基本上，本書在各分區的排版方式依次如下：分區概要、各縣氣候、地形、產業（依照各分區特性有不同介紹）、觀光、交通與歷史。書面上可能會有部分出入，請依照其目的與項目於目錄確認。

3. 另外，文章本文由作者後藤武士撰寫，地圖與圖表的編排以及其內文由編輯部撰寫；部分本文（尤其是交通與觀光）若由編輯部撰寫會以（編輯部）標示。

目錄

中部**地區**……75

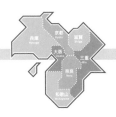

近畿**地區**……103

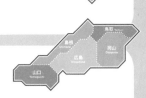

中國**地區**……123

四國地區……143

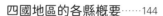

九州、沖繩地區……163

北海道地區

Hokkaido

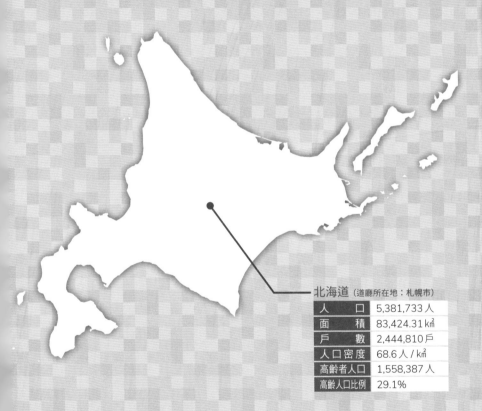

北海道地區

東北地區

關東地區

中部地區

近畿地區

中國地區

四國地區

九州、沖繩地區

北海道 (道廳所在地：札幌市)

人　　口	5,381,733 人
面　　積	83,424.31 k㎡
戶　　數	2,444,810 戶
人口密度	68.6 人 / k㎡
高齡者人口	1,558,387 人
高齡人口比例	29.1%

根據總務省統計局「平成27年國勢調查」（各地區高齡人口指65歲以上之人口；高齡人口比例則是高齡人口的百分比，年齡不明者亦算入其公式，即高齡者人口 ÷ 總人口 ×100%）

由鄂霍次克海、日本海、太平洋包圍

占日本國土五分之一的北方大地

日本最大土地爲亞寒帶氣候

廣大的北方大地北海道，涵蓋日本國土面積五分之一。共分成十四個區域，各區域有綜合振興局（又稱振興局）作為道廳的駐在機關。周圍被鄂霍次克海、日本海、太平洋三大海洋環繞，水產業興盛。

位於日本最北端的都道府縣，因高緯度，屬於年平均氣溫偏低的亞寒帶氣候。

不過也不是說冬天的降雨量特別多，但由於氣溫寒冷，有下的話幾乎會變成雪，降下的雪特別不易融化。因此，冬天的北海道跟雪有非常密切的關係。鄂霍次克海岸是日本唯一能看見流冰的地方。

道廳位於居住人口近200萬的札幌，雖然是幾乎什麼都具備的北海道政治、經濟與文化的中心都市，但在地理位置上靠近北海道西部。函館附近是道南；旭川周邊是道北；帶廣跟釧路位在道東，札幌雖歸類於道央區，但看著北海道地圖的區分有著不可否認的違和感。

札幌集中化正急速發展

如同日本人口往首都圈集中一樣，可以發現北海道的人口及物資的集中也相當不均衡。雖然在人煙稀少的地區易於務農為其優點，但這也是在確保具有足夠交通方式的前提下才能成立。北海道對於現存的鐵道路線仍持續廢線中。倘若如此持續下去，北海道的人口移動就不會有停止的一天。

北海道的概要

東北地區

關東地區

中部地區

近畿地區

中國地區

四國地區

九州、沖繩地區

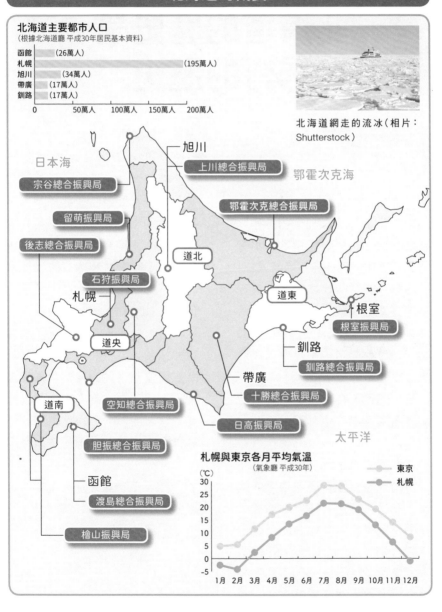

北海道主要都市人口
（根據北海道廳 平成30年居民基本資料）

都市	人口
函館	（26萬人）
札幌	（195萬人）
旭川	（34萬人）
帶廣	（17萬人）
釧路	（17萬人）

0　　50萬人　100萬人　150萬人　200萬人

北海道網走的流冰（相片：Shutterstock）

日本海

鄂霍次克海

宗谷總合振興局

上川總合振興局

旭川

留萌振興局

鄂霍次克總合振興局

後志總合振興局

道北

石狩振興局

札幌

道東

根室

根室振興局

道央

釧路

釧路總合振興局

空知總合振興局

帶廣

十勝總合振興局

道南

日高振興局

太平洋

胆振總合振興局

函館

渡島總合振興局

檜山振興局

札幌與東京各月平均氣溫
（氣象廳 平成30年）

東京
札幌

（℃）
30
25
20
15
10
5
0
-5

1月 2月 3月 4月 5月 6月 7月 8月 9月 10月 11月 12月

幕末時曾是個獨立國家？

北海道的歷史是「愛努」的歷史

孕育愛努的北海道

過去北海道被稱為「蝦夷地」，是大和政權無法管理到的地區。當地的原住民愛努族則孕育出獨自的語言和文化在此生活著。

不過，鎌倉時代武家的安東氏被派任為蝦夷代官，開始經營該地的管理。之後松前氏拓展勢力，也得到秀吉、家康對於當地支配權的認可。

江戶時代，當地作為松前藩被納入幕藩體制，但其間愛努並非完全沒有作為——室町時代以首領胡奢麻尹為主的叛亂，以及在江戶時代發生愛努民族最大的叛亂沙牟奢允之戰。江戶中期寬政年間，國後和目梨地區的愛努也舉兵反叛，發生了國後目梨之戰。不過戰役最終皆以敗戰收場，可見背後有強固政權的一方還是占據優勢。

後來北海道變成幕府的直轄地。幕府大政奉還後，新政府和舊幕府殘黨間發生戊辰戰爭，舊幕府軍的土方歲三和大鳥圭介等推舉榎本武揚為總裁，成立了後來稱為「蝦夷共和國」的臨時政權。不過隔年新政府軍上路後，他們自治的夢想就破滅了。

明治後，在北海道設置了北海道開拓使。將平時開墾、有緊急狀況時作為士兵的屯田兵送進當地，也得到以名言「少年們，要胸懷大志！」為名的克拉克等外聘外國人的協助，開墾得以發展至今。

1972年冬季奧運在札幌舉辦，讓世界知道了北海道的存在。

愛努人的生活

愛努人的人們

根據近期的考證，認為愛努人與日本人的祖先繩文人有著高度相似的特色，從遺傳學的角度幾乎可以確定，愛努人是中國及韓國渡來人的混血。愛努人的生活地區以北海道為中心，以及現為俄羅斯領土的堪察加半島和千島列島。其民族特徵為深邃五官與健壯體格。（相片：AFRO）

愛努人的住居

以細葉茅草建築為愛努人的傳統住宅，稱為「棲舍（Chise）」。周圍被森林包圍，因此以木材為住宅支柱，屋頂則以茅草層層堆疊的方式建造而成的木造建築。住宅的周圍由稱為「Puu」的高架式倉庫、稱為「Anshiru」的外廁所以及稱為「Heperesse」的幼熊圈養地所構成。另外，還會建造稱為「Chashi」的防禦用城寨（土造城牆）。（相片：Shutterstock）

愛努人的衣服

由裂葉榆榆樹科的落葉喬木與華東椴的樹皮纖維所製成的衣服，稱為「厚司織」。在傳統衣物「Amipu」中相當特別，類似和服但沒有長衣袖。裝飾的部分則有貼花和刺繡，衣服的款式雖依各地略有不同，但仍有主要的傳統造型。（相片：AFRO）

愛努人的料理

行者大蒜

魚乾

比大蒜味道更重的「行者大蒜」是北海道名產，雖然現在很少店鋪販賣，但若說到愛努人的傳統料理必定不會少了它。愛努傳統料理以狩獵而來的鹿肉以及鮭魚等魚類，還有山菜為主食。肉乾則是為了冬季長期儲存而製作。有吃生食的習慣，也有將山菜與肉類等放入鍋中燉煮的料理。（相片：Shutterstock）

北海道地區

東北地區

關東地區

中部地區

近畿地區

中國地區

四國地區

九州、沖繩地區

地形

寬廣無垠的北海道

連綿的北見山地與日高山脈、溼原上的丹頂鶴

從函館搭乘特急到札幌也需四小時

若將日本列島看成一隻向右吐出熊熊烈火的飛龍，那飛龍的頭部便是北海道了，強烈噴出擇捉島與國後島兩座島嶼，加上齒舞群島與色丹島，便是現在俄羅斯聯邦所主張並有實質支配力的北方領土。但是由於俄羅斯戰後違反了當時的國際法占領北方領土，因此日本持續向俄羅斯表示「此為日本國固有領土」。

吐出火焰的嘴唇即是知床半島與根室半島，附近以酪農業著名，寬廣的根釧台地的南部則是以丹頂鶴著名的釧路溼原，北海道首屈一指的漁港——釧路港就位在此。龍頭北側上方、面向日本海與鄂霍次克海有兩座山脈——東邊的北見山地、西邊的天鹽山地。

太平洋沿岸南部的東方是以旱地作物著名——寬廣的十勝平原，西邊矗立著日高山脈，向西走有夕張山地，著名的賽馬「新冠」即是此處培育。夕張山地以北則有以薰衣草著名的富良野，以及北海道第二大都市旭川。

從龍頸部分由北向南，小説《青年詩人的肖像》為舞台的小樽、道廳所在地的札幌，以及曾是日本製紙業中心、現今日本最大貿易港著稱的苫小牧。喉結的位置則有登別溫泉、室蘭製鐵，以及召開第34屆八大工業國高峰會議的洞爺湖等著名景點。

龍頭的位置則是渡島半島，稍微往南則是以夜景著名、曾是北海道玄關口的函館，從函館搭乘JR的特急列車超級北斗號前往札幌也需四個小時，北海道可謂寬廣無垠。

北海道的地形

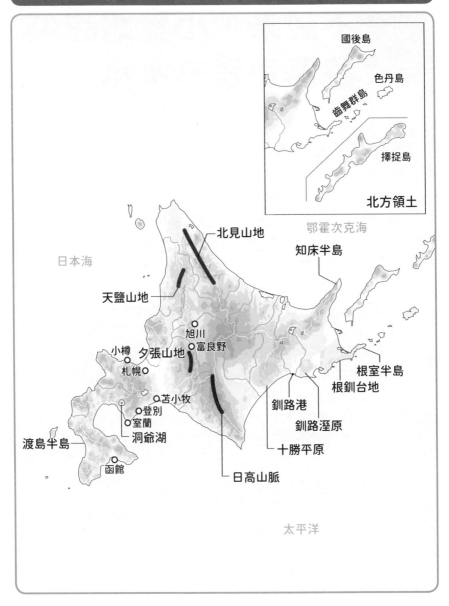

國後島
色丹島
齒舞群島
擇捉島
北方領土

鄂霍次克海

日本海

北見山地
知床半島
天鹽山地
旭川
富良野
小樽　夕張山地
根室半島
札幌
根釧台地
苫小牧
登別
釧路港
室蘭
釧路溼原
洞爺湖
十勝平原
渡島半島
函館
日高山脈

太平洋

北海道地區

東北地區

關東地區

中部地區

近畿地區

中國地區

四國地區

九州、沖繩地區

農業

不只米、小麥跟甜菜，酪農也是日本第一

蕎麥與洋蔥也是日本第一

　　北海道每戶農家的耕地面積接近全國平均的十倍，能發展大規模的農業。以酪農為主，農作和稻作也是數一數二。隨著各個地區發展適合的農業是其特色。

　　地理位置處於北海道正中央的上川盆地，是主要生產稻米的地區，其次是石狩平原。原本富含大量水分的泥炭地並不適合耕作稻米，但從其他地方帶來各式各樣的土壤改良後，成為能耕種稻米的土地，其生產量與新潟並列日本第一。

　　農作代表的十勝平野，栽培了小麥、甜菜、馬鈴薯、豆類、玉米等作物。甜菜又被稱為「甜蘿蔔」，形狀像蘿蔔一樣，榨取後能提煉為白砂糖，殘渣也能成為家畜的飼料；洋芋又稱為馬鈴薯，漢字寫為「馬鈴薯」，名字的由來是因為像馬繫著的大鈴鐺。

　　飼養乳牛、榨取生乳或製作乳製品的最大酪農地區──根釧台地。以大規模農業為主流，過去實驗農場或新酪農村事業等關於根釧台地的用語，很常出現在日本農業相關的考試。因此，育養的乳牛量、牛乳的生產量想當然耳是日本第一，根釧台地別海町乳牛的飼養量甚至比居民還多。

　　意外的是，北海道蕎麥、洋蔥的生產量也是日本第一，不愧堪稱是農業王國。

北海道的農業

●耕地面積以及耕地的擴張、重組面積
（包含本地、溪畔等面積〔ha〕）

北海道：1,145,000（25.8%）

全國
4,444,000

其他地區
3,299,000（74.2%）

農林水產省 平成29年

●水稻、旱稻收成量（糧用）

第1	新潟	627,600
第2	北海道	514,800
第3	秋田	491,100

農林水產省 平成30年

●各都道府縣的蕎麥收成量（t）

第1	北海道	18,300
第2	長野	2,140
第3	栃木	1,920

農林水產省 平成29年

●各都道府縣的馬鈴薯耕作面積（ha）

第1	北海道	51,300
第2	鹿兒島	4,410
第3	長崎	3,640

農林水產省 平成29年

馬鈴薯

北海道名產馬鈴薯，其外觀
有如繫馬之鈴而得名。

●各都道府縣的洋蔥收成量、出貨量（t）

收成量

第1	北海道	797,200
第2	佐賀	102,600
第3	兵庫	92,900

農林水產省 平成29年

出貨量

第1	北海道	742,900
第2	佐賀	93,800
第3	兵庫	83,900

農林水產省 平成29年

北海道地區

東北地區

關東地區

中部地區

近畿地區

中國地區

四國地區

九州、沖繩地區

水產業

衆所周知的北海道基礎產業

干貝、鮭魚、螃蟹、花魚、沙丁魚、黃線狹鱈

適合當地海上捕撈的珍貴魚類

被大海環繞的北海道，水產業是其基礎產業。就如同依照當地環境種植適合農作物，水產業也是隨著鄂霍次克海岸、日本海岸、太平洋岸各海岸來經營水產業。

鄂霍次克海海岸有重要漁港紋別港及網走港等其他許多漁港，干貝、鮭魚、螃蟹、花魚等成為北海道美食的寶庫。

太平洋沿岸的漁獲量曾是日本第一，現在則是道內漁獲量第一；被指定為第三類漁港的釧路港，在漁獲季節捕撈沙丁魚及黃線狹鱈等豐富的魚貝類，使市場熱鬧喧騰。

在日本海沿岸，以北海道漁業遠近馳名的鯡魚捕撈，從江戶時代便開始網撈，當地以此為業的許多漁民因而致富，其代表景點「鰊御殿」，則被保存為重要觀光資源。

水產王國北海道──日本應守護的至寶

漁業者、漁船數皆為全國第一。由於北海道有遭遇可疑船隻攻擊、勞動者高齡化、燃料漲價、地球暖化等自然環境變化因素，導致魚類減少，打擊了日本水產業等的問題也並非少見。

但是比起其他地區，北海道年輕漁業者的比例較高，因而備受矚目。對日本來說，水產王國北海道是個必須守護的重要至寶。

北海道水產

小樽市鰊御殿

1897年建於西積丹古宇郡泊村，1958年在原始建地上復原該建築，1960年以「北海道有形文化財鰊魚場建築」指定為文化資產。（相片：AFRO）

鄂霍次克海

螃蟹

鮭魚

干貝

花魚

日本海

鯡魚

紋別港

網走港

釧路港

太平洋

沙丁魚

黃線狹鱈

北海道地區

東北地區

關東地區

中部地區

近畿地區

中國地區

四國地區

九州、沖繩地區

工業革命的主角「煤」步下歷史舞台

製鐵小鎮室蘭仍存活著

因石油而衰退的煤礦小鎮

北海道曾是日本絕無僅有的礦業王國。礦業是從地下挖掘煤、石油等能量資源和鐵礦石等的原料資源產業。主要原料為被稱作黑鑽石的煤。在北海道，以夕張礦場為代表，其中還有許多煤田，為了滿足礦工的生活需求，小鎮到昭和中期開始變得繁榮。

但是於1960年代湧入了一波能源革命，主要的能源從煤轉為石油，國家的經濟政策也跟著大幅改變。

原本日本的礦場跟他國相比，煤礦都位在很深的位置，無論是在成本、勞工安全層面皆處於劣勢，其結果導致連續長時間支撐日本經濟成長的煤礦產業一口氣衰退。登錄為世界遺產著名的長崎縣軍艦島（端島）、因民謠炭坑節和小說《青春之門》而為人熟知的三池礦場，以及北海道夕張礦場等，目前作業幾乎都停擺。

現在夕張市正處於財政困難，起因就是來自於能源革命。

石油產業園區的小鎮──苫小牧

當初鋼鐵業為了熔解鐵礦石而大量利用煤。雖然現在煤礦的職責已被石油替代，太平洋沿岸的室蘭仍以北海道製鐵小鎮著名，和以製油為中心的石油產業園區苫小牧共同支撐著北海道的重化工產業。

北海道的礦業與重化工產業

北海道地區

東北地區

關東地區

中部地區

近畿地區

中國地區

四國地區

九州、沖繩地區

煤礦場的歷史

1870年代，北海道開拓使招募的美國地質學者確認此處藏有煤礦的礦脈。之後，負責調查的坂市太郎在此處發現了露天煤礦層，開始加以開採。生產了煉鐵用的焦炭，於1960年代成為煤的一大產地。但是於1960年代的能源革命後，其使命結束。現在仍進行小規模的露天採礦。

夕張市石炭博物館

相片提供：夕張市石炭博物館

石炭博物館位在夕張市，館內保留了炭坑與具歷史性的煤礦開採的風景與坑道，可以體驗開採石炭的實際情況。館外則是坂市太郎發現的露天大礦層，每年4月下旬到11月上旬開放參觀，11月上旬到隔年4月下旬僅接受團體（20人以上）預約。

石油工業聯合體

（相片：AFRO）

苫小牧

製鐵小鎮「室蘭」

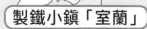

（相片：AFRO）

北海道三大工業都市的室蘭市、苫小牧市，還有釧路市。室蘭是由煤的輸出港口得以發展，輔以開採鐵砂與製鐵工業；苫小牧則在1970年代積極發展重化工產業，以出光興產公司為基地的石油工業聯合體獲得極大發展。

19

製紙用紙漿工業、食品加工業高度發達

原產地加工的北海道工業

特別以農產品、水產加工為主幹

提到北海道的工業，便會想到原產地產物無法消化、而在當地進行加工的工業吧。取自於產地原料，直接於當地加工完成，即是北海道工業的特徵，代表性產業有紙漿業與食品加工業。

由於林地廣大外加豐富水資源，紙漿業得以蓬勃發展，甚至在北海道內陸的旭川直接就有稱作「紙漿町」的小鎮，日本製紙的工廠即在此處。太平洋沿岸的苫小牧工廠也製造各式各樣的紙製品，尤其報紙用紙生產量更擁有廣大市占。

北海道的工業中比重最大的便是食品加工業，以水產的食品加工為主，另有其他食品加工產品。

此外，各大著名啤酒製造商環繞札幌周邊——朝日啤酒據於札幌市、札幌啤酒設於惠庭市，以及工廠設置於千歲市的麒麟啤酒。

乳製品以札幌的雪印惠乳業工廠，以及十勝平原帶廣郊區芽室町的明治起司工廠等，在道內各地製造，這些工廠大部分多能參觀（詳見次頁），可說是個可學到知識的主題樂園。

若說到芽室町，則有以甜菜為製糖原料的工廠。

水產加工業也毫不遜色，函館的鮭魚、魷魚、昆布；釧路的鮭魚、鱒魚；根室的螃蟹加工廠等，大大小小加工廠林立，其他還有鯡魚卵、鯡魚、干貝等水產於各地進行加工。

北海道主要工廠與觀光工廠

此頁刊載的工廠相片皆提供參觀。各工廠的詳細資訊請於網路以「工廠名」與「參觀」為關鍵字搜尋。

啤酒工廠
🍺 札幌市
朝日啤酒北海道工廠

相片提供：朝日集團控股株式會社

乳製品工廠
札幌市
雪印惠乳業札幌工廠

※ 截至2019年1月，中止參觀，但仍可參觀其歷史園區。

相片提供：札幌啤酒株式會社

啤酒工廠
🍺 惠庭市
札幌啤酒北海道工廠

酪農與牛乳歷史館

相片提供：雪印惠乳業株式會社

苫小牧市
王子製紙

函館市
鮭魚、魷魚、昆布加工廠

根室
螃蟹加工廠

釧路
鮭魚、鱒魚加工廠

乳製品工廠
十勝
明治十勝工廠

啤酒工場
🍺 千歲市
麒麟啤酒北海道千歲工廠

相片提供：麒麟啤酒株式會社

相片提供：明治株式會社

東北地區

關東地區

中部地區

近畿地區

中國地區

四國地區

九州、沖繩地區

北海道地區的交通

北海道因占地廣大，擁有許多觀光景點，道內的機場數超過十個；現在新幹線雖然開通到新函館北斗站，但預計2031年才會開通至札幌。此外，大多數的在來線也逐漸停駛。JR北海道完工時，原3,17公里的路線在2018年變成2,55公里，未來也有幾條路線預計廢除。作為替代道路分布狀態十分充實的高速公路跟汽車專用道，也依序預定整修。（編輯部）

礼文島

利尻空港

利尻島

稚内

稚内空港

豐富外環道路

幌富外環道路

宗谷本線

名寄美深道路

名寄

石北本線

留萌

旭川

旭川空港

深川留萌自動車道

瀧川

北海道

道央自動車道

富良野

根室本線

札幌空港

小樽

札幌

岩見沢

函館本線

札樽自動車道

俱知安

千歲線

夕張

千歲

新千歲空港

石勝線

苫小牧

奧尻島

室蘭本線

室蘭

奧尻空港

浦河

日高自動車道

江差

函館新道

新函館北斗駅

函館空港

函館

函館·江差自動車道

北海道新幹線

むつ

紋別

✈ 紋別空港

釧網本線

美幌外環道路

網走

✈ 女滿別空港

北見

旭川紋別
自動車道

十勝鄂霍次克
自動車道

✈ 中標津空港

国後島

色丹島

根室

釧路空港

道東
自動車道

✈ 釧路

根室本線

帯広

✈ 帯廣空港

帯廣・廣尾自動車道

圖例

—————— 新幹線

▪▪▪▪▪▪▪ 主要JR線

—————— 高速公路與汽車專用道

北海道地區的觀光

長時間受惠於大自然的北海道，擁有六個自然悠久的國立公園以及五個國定公園，以2005年被登錄為世界遺產的知床為首，坐擁許多絕美的名勝地。豐富的海鮮、蒙古烤肉、起司和牛奶製成的甜點等北海道美食也不能錯過。由於北海道內各地有許多值得觀看的地方，飛機就先不説，搭乘一般的租賃汽車及巴士等就能享受觀光。(編輯部)

② 札幌雪祭 @ 札幌市

每年超過200萬以上來自國內外的人造訪，說到冬季一大盛事，非札幌雪祭莫屬。在主要大街周圍排列著200座冰雕像，裝飾成如夢似幻般的美麗祭典。

相片：Shutterstock

③ 五稜郭 @ 函館市

喜歡日本史的人一定非常熟悉，以戰爭聞名的箱館五稜郭是此地。2006年開放，從高達107公尺新塔往下望的五稜郭星星形狀，是其象徵。

相片提供：五稜郭塔株式會社

宗谷海峽
宗谷岬
野寒布岬
礼文島
稚內
宗谷丘陵
クッチャロ湖
利尻水道
利尻山
天塩平野
貝尼亞原生花園
日本海
利尻島
サロベツ平野
利尻礼文
サロベツ国立公園
天塩川
⑤
天売島
焼尻島
舊花田家番屋
名寄
名寄盆地
天塩山地
北見山地
渚滑川
紋別
サロ
留萌川
留萌
天塩岳
① 上川盆地
旭川
大雪山
大雪山国立公園
トムラウシ山
石狩岳
⑦
北見
北海道
阿寒摩周国立
② 積丹岬
石狩湾
石狩川
富田農場
石狩山地
十勝岳
白糖丘陵
積丹半島
小樽
石狩平野
岩見沢
富良野
ニセコ積丹小樽海岸国定公園
札幌
芦別岳
夕張山地
紅酒城
倶知安
支笏洞爺国立公園
夕張
夕張岳
狩勝峠
帯広
札幌巨蛋
中山峠
支笏湖
千歳
石炭博物館
羊蹄山
洞爺湖
樽前山
苫小牧
幌尻岳
十勝平野
狩場山地
昭和新山
ウトナイ湖
有珠山
カムイエクウチカウシ山
十勝
後志利別川
沙流川
日高山脈襟裳国定公園
奥尻島
内浦湾
室蘭
日高山脈
チキウ岬
太平
大沼国定公園
浦河
駒ヶ岳
渡島半島
③ 亀田半島
江差
函館平野
恵山岬
函館
函館山
松前半島
大間崎
津軽海峡
尻屋崎
白神岬
龍飛崎
むつ
下北丘陵
陸奥湾
津軽
山地
青森県

① 旭山動物園 @ 旭川市

以帶出動物原有生態與行動的「行動展示」而造成話題，吸引來自全國各地的遊客，可近距離接觸動物，欣賞動物悠哉、自在的姿態。

相片提供：旭川市旭山動物園

神威岳 ▲

茂世路岳 ▲

散布山 ▲

択捉島　▲小田萌山

西単冠山

阿登佐岳 ▲

安渡移矢岬

国後水道

ベルタルベ山 ▲

オホーツク海

知床五湖
Field House

ルルイ岳 ▲

▲爺爺岳

知床岬

知床半島

知床国立公園
羅臼岳 ▲

国後島

色丹島

色丹水道

網走

濤沸湖

国定公園
走湖

斜里岳 ▲

根室海峡

北方原生花園

根室湾

風蓮湖

歯舞群島

納沙布岬

根室

屈斜路湖

峠

摩周湖

雄阿寒岳
寒岳 ▲

根釧台地
（根釧原野）

釧路湿原

釧路
釧路港

厚岸湖　霧多布湿原

厚岸湾

⑥ 小清水原生花園 @ 斜里郡

每年春夏皆會聚集大量觀光客的花園。6到8月綻放的蝦夷萱草（相片）、玫瑰花、武者龍膽花等40種以上的花卉鮮豔綻放，可以看到一整片美麗的景色。

相片提供：小清水原生花園（攝影 組野一弘）

④ 鄂霍次克流冰館 @ 網走市

在零下15度的室內展示流冰，可直接觸摸、體驗冰的寒冷，另外，可在一併設置的天都山展望台一覽日本最北端的景色。

相片提供：鄂霍次克流冰館

⑦ 阿寒湖（夏季） @ 釧路市

以球藻著名的阿寒湖，可以搭乘展示觀察中心的遊湖船，欣賞整個公園壯麗的景色，最近被稱為日本透明度第一的摩周湖也有此項活動。

相片提供：釧路市產業振興部觀光振興室

⑤ 常呂町冰壺場 @ 北見市

於2018平昌冬季奧運第一次奪得冰壺獎牌的女子冰壺隊，可以說是聖地所在的常呂町，常呂自治區內的國小、國中到高中的冬季體育課皆會教授冰壺課程。

相片提供：ADVICS 常呂冰壺球場

⑧ 釧路溼原 @ 釧路市

由大自然所孕育，棲息著丹頂鶴、條紋貓頭鷹、北極狐狸等眾多的生物。加入了特別針對水禽棲地之國際重要溼地公約的拉姆薩公約。

相片提供：釧路市產業振興部觀光振興室

爲什麼有府也有道
—— 都道府縣的由來

一般在使用都道府縣這些用詞時都習以為常，平常也不會感到特別好奇，使用的人也不少，但是仔細想想其實很不可思議。

由於東京是首都所以稱為東京**都**，而京都、大阪的**府**與北海道的**道**，其由來又是從哪裡來的呢？

府的意義在於其政治、經濟、軍事，甚至是國家祭典的要地。1868年，確立中央極權體制的明治政府使用府藩縣三治體制，其中有十個重要地點被指定為

「**府**」，後來在各時期的地方制度改編後，廢止了大部分的**府**，僅剩下京都與大阪二府。

此外，北海道的**道**則是日本古代律令體制下的產物，在《大寶律令》下分為**五畿七道**，管轄比令制國更加廣大範圍的行政區劃，也是令制國的上級單位。直到被稱為蝦夷地的北國納入明治政府管轄後，單獨把這個寬廣無垠的新領土指定為北海道，自此，**五畿七道**便成為了**五畿八道**。

●府藩縣三治下的10府

名稱	現在的都道府縣名（根據地區有不同稱呼）	理由
箱館府	北海道	重要的貿易港口
東京府	東京都	江戶幕府所在地
神奈川府	神奈川縣	重要的貿易港口
甲斐府	山梨縣	交通要道
越後府	新潟縣	重要的貿易港口
大阪府	大阪府	三都之一、天下的廚房、商業經濟中心
京都府	京都府	三都之一、大和朝廷所在地
奈良府	奈良縣	古代日本國都所在地
度會府	三重縣	祭祀皇室祖先神的伊勢神宮所在地
長崎府	長崎縣	重要的貿易港口

（北海道）

北陸道
東山道
山陰道
山陽道　畿內　東海道
南海道
西海道

●**五畿七道**
（關於畿內五國請參照105頁）

東北地區
Tohoku

青森縣 (縣廳所在地：青森市)
人　口	1,308,265 人
面　積	9,645.59 k㎡
戶　數	510,945 戶
人口密度	135.6 人 / k㎡
高齡者人口	390,940 人
高齡人口比例	30.1%

秋田縣 (縣廳所在地：秋田市)
人　口	1,023,119 人
面　積	11,637.54 k㎡
戶　數	388,560 戶
人口密度	87.9 人 / k㎡
高齡者人口	343,301 人
高齡人口比例	33.8%

山形縣 (縣廳所在地：山形市)
人　口	1,123,891 人
面　積	9,323.15 k㎡
戶　數	393,396 戶
人口密度	120.5 人 / k㎡
高齡者人口	344,353 人
高齡人口比例	30.8%

岩手縣 (縣廳所在地：盛岡市)
人　口	1,279,594 人
面　積	15,275.01 k㎡
戶　數	493,049 戶
人口密度	83.8 人 / k㎡
高齡者人口	386,573 人
高齡人口比例	30.4%

宮城縣 (縣廳所在地：仙台市)
人　口	2,333,899 人
面　積	7,282.22 k㎡
戶　數	944,720 戶
人口密度	320.5 人 / k㎡
高齡者人口	588,240 人
高齡人口比例	25.7%

福島縣 (縣廳所在地：福島市)
人　口	1,914,039 人
面　積	13,783.74 k㎡
戶　數	737,598 戶
人口密度	138.9 人 / k㎡
高齡者人口	542,384 人
高齡人口比例	28.7%

北海道地區

東北地區

關東地區

中部地區

近畿地區

中國地區

四國地區

九州、沖繩地區

根據「平成27年國勢調查」

大雪地區、穀倉、獨特的方言

本州最北的地方
奧州、陸奧

六個縣的地理位置
非常容易理解

本州最北的地區是東北地區，一般提到東北所說的奧州和陸奧，原本並不是指整個東北地區，但現在大致被代指東北全區。

東北地區的縣的配置非常容易理解。首先，最北端幾乎是青森縣，往南面向日本海的是秋田縣和山形縣，太平洋側則是岩手縣和宮城縣直列並排，最底部像蓋子的是福島縣。

實際上，山形縣的一部分連接了新潟縣南北的境界線，雖然新潟縣最北端比福島縣最北端還高，但新潟縣屬於中部地區，在此先不提及。聯想到的共通點有大雪地帶、盛產米，以及獨特的方言和口音。不過東北地區南北狹長，各縣的特徵也有微妙的差異。

最北的青森縣縣廳所在地就在青森市，青森縣的舊國名雖然和全縣縣域皆為陸奧國領域，但由於歷史上的差異，南部地區和津輕地區各有不同的文化及風土特徵。

太平洋側往南的岩手縣縣廳所在地為盛岡市，是僅次於北海道以占地面積自豪的縣市；西鄰日本海側是秋田縣，在東北是屈指可數的穀倉地帶。往南太平洋側是有「杜之都」之譽、東北最大城市仙台市，其縣廳所在地位在宮城縣；西邊日本海側則是以藏王及山寺著名的山形縣。面向太平洋、擁有豬苗代湖的是東北最南端的福島縣，其縣廳所在地也在福島市。

東北地區的舊國名與現在的縣名

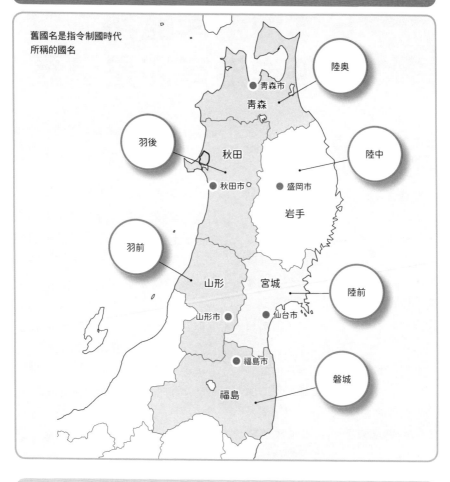

舊國名是指令制國時代
所稱的國名

陸奧
● 青森市
青森

羽後
秋田
● 秋田市 ○
● 盛岡市
陸中
岩手

羽前
山形
宮城
● 山形市
● 仙台市
陸前

● 福島市
福島
磐城

北海道地區

東北地區

關東地區

中部地區

近畿地區

中國地區

四國地區

九州、沖繩地區

什麼是「陸奧」？

column

依據《大寶律令》（701年），日本從北部開始被區分為東山道、東海道、北陸道、山陰道、山陽道、南海道、西海道七個行政區。

由於位於京都的國都與東北有一段很遠的距離，因此東北地區從「道之奧」訛傳為「陸奧」。

29

氣候

日本海沿岸與太平洋沿岸兩邊氣候一目瞭然

日本海沿岸酷熱；
太平洋沿岸卻是涼夏

在東北太平洋側發生的 夏季寒害

依據奧羽山脈縱向連接的三個山地，使東北地區日本海側及太平洋側的氣候明顯不同。

日本海側由於直接受到從西北吹來的冬天季風影響，冬天的降雨量高，因緯度高，氣溫也不易升高，降雨時大多變成下雪。降下的雪也難融化，變成暴雪地帶。

太平洋側岩手縣三陸海岸沿岸和宮城縣仙台附近，加上福島縣的濱通地域等雖通稱為東北，但積雪量不多。只是夏天受東南季風的影響，降雨量高，因緯度的關係，氣溫並不高。內陸也如預料中那樣積雪，夏冬溫度差也很大。

雖然以上所提及為東北的基本氣候型態，不過靠近日本海側的秋田和山形，因對馬暖流的影響，暖流越過山頭時變成乾熱風，從山上沿山坡向下造成焚風現象，讓夏天意外地也有不少炎熱的日子。

在太平洋側，夏天的**偏東風**從海邊吹來，經過了親潮（千島寒流）上方變得寒冷，影響東北地區太平洋岸夏天時的氣溫。雖說涼爽的夏天是件好事，但由於東北地區的主要產業為農業，若是無法符合農作物適合的生長溫度，會大幅影響農產品的收成，也就是俗稱的「寒害」──夏天發生的自然災害。東北地區的代表偉人──宮澤賢治也哼著歌詞「漫步在令人不知所措的寒冷夏天」，可見寒害帶來的恐懼。

北海道地區

東北地區

關東地區

中部地區

近畿地區

中國地區

四國地區

九州、沖繩地區

東北各地的氣候比較 (2018年各月均溫)

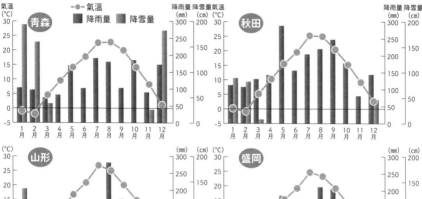

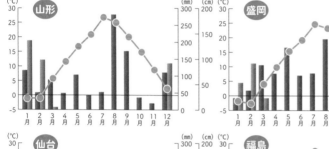

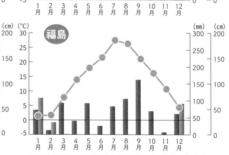

※氣溫為月平均；降雨量為每月合計雨量；降雪量為積雪差合計。
（氣象廳 平成 30 年）

●什麼是焚風現象？

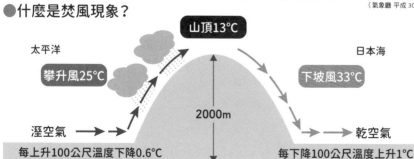

從巨大奧羽山脈流下的各大小河川

北上川之於最上川，阿武隈川之於米代川

貫穿東北地區的山群如同脊椎連接南北，其西邊為出羽山地、奧羽山脈、北上高地三座高山。順帶一提，山地、山脈、高地廣義來說，都概括為山，但是山脈比起山地更連綿不絕，高地則是較少崎嶇的山，高度也比山地低。

奧羽山脈幾乎全由那須火山帶所形成，此地區富含許多火山，因此也擁有如花卷溫泉、鳴子溫泉、藏王溫泉等有名的溫泉勝地。

雖然沒有大型平原，但山間也穿插了一些平原跟盆地。如青森的輕津平原、秋田平原、以雪之鐮倉著名的橫手盆地、岩手的北上盆地、山形的庄內平原和米澤盆地、宮城的仙台平原，包含福島縣的會津盆地以及郡山盆地等等。在平原和盆地的街道上，有大規模的山脈作為背景，可以一覽雄偉的景色。

由於有眾多雄偉的高山，因此也誕生了多條壯闊的河流。注入太平洋的東北第一大川──北上川即位於石卷市。在俳句家松尾芭蕉的俳句集《奧之細道》中如此描述著北上川的美景：「雄偉北上川，源於南方緩緩流，匯為大河川」。另外一條同為流向太平洋的河流，即是自古以來與東北地區人民十分親近的阿武隈川。

位於日本海側由北而南依序有：曾用於運送礦物與木材的米代川，由於沒有水壩，可盡情享受獨木舟活動；接著是棲息各種淡水魚的雄物川；最後則是松尾芭蕉所吟詠的：「五月雨紛紛，匯集急湍夏日雨，洶洶最上川」中的主角最上川了。最上川為日本三大急流，與位於熊本縣的球磨川以及流經長野縣、山梨縣與靜岡縣的富士川並列。

北海道地區

東北地區

關東地區

中部地區

近畿地區

中國地區

四國地區

九州、沖繩地區

東北地區的地形

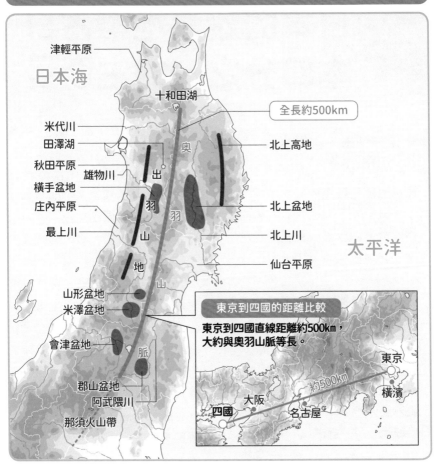

津輕平原

日本海

十和田湖

米代川
田澤湖
秋田平原
雄物川
橫手盆地
庄內平原
最上川

出

羽

山

地

全長約500km

北上高地

北上盆地

北上川

仙台平原

太平洋

山形盆地
米澤盆地

會津盆地

脈

郡山盆地
阿武隈川

那須火山帶

東京到四國的距離比較

東京到四國直線距離約500km，
大約與奧羽山脈等長。

東京

約500km

橫濱

大阪
四國

名古屋

column

東北地區有許多破火山口！

依據火山活動形成的窪地就是破火山口，於破火山口積水形成火山口湖。由日本水產養殖專家和井內貞行長年努力的成果，現以養殖姬鱒著名的十和田湖，以及以最大深度423.4公尺自豪的日本最深湖泊——秋田縣的田澤湖等，皆為具代表性的火口湖。

日本的穀倉地帶占日本四分之一的生產量

一見鍾情米、美姬米與秋田小町米等

東北地區是日本的穀倉地帶。數十年來日本所需的米有四分之一由東北地區生產，具代表性的生產地為秋田平原及山形縣的庄內平原等。

熱衷於品種改良也是東北的種米特徵。說到因品種改良而誕生的品牌米，不外乎是新潟的越光米和宮城的笹錦米這兩大牌子，不過因東北各地的農業試驗場需克服寒害及稻熱病，80年代以後新品種也一個一個出現。

在90年代登場的宮城「**一見鍾情米**」，是能維持美味也很耐病症的品種。即使冷掉依然深受好評的「**秋田小町米**」，是比過去的越光米更早熟、且生長期更不受寒害影響的品種。另外，還有能與魚沼產越光米匹敵、也是於90年代在山形縣產的「**鄉土米**」。近年來，在市場銷售和建立品牌上也注入心力，於2009年被命名的「**美姬米**」，名稱也是公開招募，由山形縣居民投票決定。過程中經由媒體報導，在初登場時獲得了壓倒性的知名度。

過去的東北曾被國家食材政策左右。當時面積排名日本第二大的八郎潟以圍墾建成大潟村。移民者集結大規模農業備受期待，但國家卻轉為推動「減反政策」，導致種植稻米連帶受到限制。

從那之後過了數十年，東北地區農業相關人士亦已成長茁壯。東北米的需求也成為近來向世界推廣日本和食不可或缺的存在。

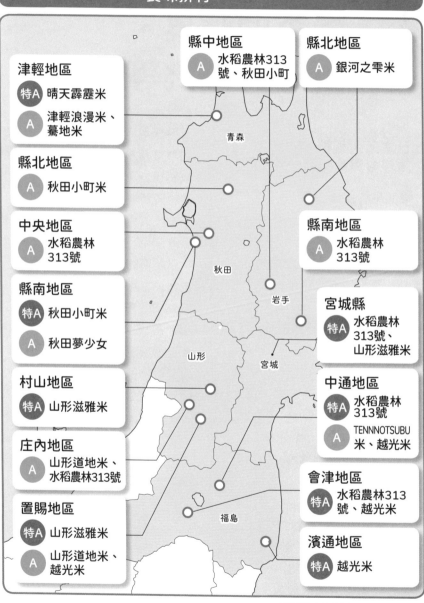

食味排行 (2017年產米)

縣中地區
- Ⓐ 水稻農林313號、秋田小町

縣北地區
- Ⓐ 銀河之雫米

津輕地區
- 特Ⓐ 晴天霹靂米
- Ⓐ 津輕浪漫米、驀地米

縣北地區
- Ⓐ 秋田小町米

中央地區
- Ⓐ 水稻農林313號

縣南地區
- 特Ⓐ 秋田小町米
- Ⓐ 秋田夢少女

村山地區
- 特Ⓐ 山形滋雅米

庄內地區
- Ⓐ 山形道地米、水稻農林313號

置賜地區
- 特Ⓐ 山形滋雅米
- Ⓐ 山形道地米、越光米

縣南地區
- Ⓐ 水稻農林313號

宮城縣
- 特Ⓐ 水稻農林313號、山形滋雅米

中通地區
- 特Ⓐ 水稻農林313號
- Ⓐ TENNNOTSUBU米、越光米

會津地區
- 特Ⓐ 水稻農林313號、越光米

濱通地區
- 特Ⓐ 越光米

青森　秋田　岩手　山形　宮城　福島

一般社團法人 日本穀物檢定協會 平成29年

北海道地區
東北地區
關東地區
中部地區
近畿地區
中國地區
四國地區
九州、沖繩地區

果樹栽培、林業

果樹栽培興盛的東北地區
青森的蘋果、山形的櫻桃等

日本三大美杉——津輕杉與秋田杉

東北果樹栽培旺盛，各個縣市都在栽培具有特色的產品。

首先是本州最北端的青森縣。利用寒冷、降雨量少的氣候，在津輕平原等地栽培蘋果。幾乎占據全國六成蘋果生產的青森縣，果真是貨真價實的蘋果王國。

說到全國占有率第一，不得不提山形縣的**櫻桃**，漢字寫成「櫻桃」，不管是發音還是文字都很美，在日文裡寫成「サクランボ」（音同sakuranbo）。像佐藤錦的高級櫻桃也有固定市場，如果只是高價，防盜對策會很辛苦。

山形的葡萄和水蜜桃的栽培也很有名。果樹栽培需要日照充足、溫度差異較大的盆地，只要有盆地的地方幾乎都盛行栽培果樹。

福島盆地則是栽培葡萄、蘋果及梨子等。在天災、震災、人禍的核電廠事故後，無論是在生產或銷售皆不占優勢的福島產農作物也逐漸恢復。

山多的東北地區，林業也是重要產業之一。在日本有「三大美林」之稱的天然林中有兩個位於東北，其中之一是木曾的絲柏，另外則是青森的津輕絲柏和秋田的秋田杉。坦白說，現在日本林業正面臨苦戰，無論是在災害對策、自然保護的層面上，在我們提升生活品質時也需將環境列入考量，因此維持健全的林業是不可或缺的。

北海道地區

東北地區

關東地區

中部地區

近畿地區

中國地區

四國地區

九州、沖繩地區

青森縣的蘋果栽培

●蘋果的收成量

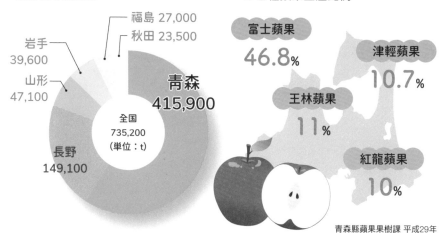

福島 27,000
秋田 23,500
岩手 39,600
山形 47,100
青森 415,900
全国 735,200（単位：t）
長野 149,100

●各種蘋果生產比例

富士蘋果
46.8%

津輕蘋果
10.7%

王林蘋果
11%

紅龍蘋果
10%

青森縣蘋果果樹課 平成29年

日本的三大美林

●**木曾絲柏** （相片：AFRO）

分布 從木曾地域到裏木曾地域（飛驒南部、東濃地域）

屬性 柏科扁柏屬針葉樹

特徵 光滑、直挺的優質木材，是自古開始就使用於重要建築物等的建材。檜木的香氣也深受大眾喜愛。

●**津輕絲柏** （相片：AFRO）

分布 津輕、下北兩半島

屬性 柏科羅漢柏屬針葉樹

特徵 耐白蟻、不易腐蝕、耐朽力強，不僅用於住宅的地基，由於自古多用於寺廟、佛閣和城郭等的建材，相當貴重。

●**秋田杉** （相片：AFRO）

分布 秋田縣北部

屬性 柏科落羽杉亞科柳杉屬常綠針葉樹

特徵 日本特有種，有美麗的木紋、輕而強壯的特性，常用於家材、家具等生活中，也會用於傳統工藝品的原料。

中部森林管理局、東北森林管理局

東北有四座第三類特種漁港

沉降式海岸的三陸海岸與三陸外海漁獲豐沛的漁場

寒暖流交會而生的豐沛海洋

三陸海岸位於東北地區太平洋沿岸，沿著陸奧、陸中、陸前三個令制國的海岸線，即是現在的青森、岩手、宮城的太平洋沿岸。這裡的海岸線淡水與海水交接，造成許多沉降式海岸（又稱「里阿斯式海岸」），里阿斯即是西班牙語沉降式海岸。

冰河雖然也呈現蜿蜒狀或鋸齒狀的海岸線，但是由冰河切割而成；沉降式海岸則是海浪侵蝕所造成。海岸線以景色美麗、多元為其特徵，由此所產生的眾多潟湖也適合發展近海漁業或養殖漁業。

但是，潟湖的範圍可能十分狹窄，大量海水若直接湧入平坦的海岸線，會增加海浪的浪高，面對海嘯可能無法抵擋。在2011年時發生的東日本大震災即受到非常嚴重的災害。

在三陸海岸的岩手縣外海則是寒暖流相交的區域。三陸外海有許多乘著黑潮游向北方的海洋生物，另外還有營養豐富的寒流，即親潮，夾帶許多以浮游生物為主食的魚類，成為世界三大漁場之一。雖然在東日本大震災後有一段時間此處的海域受到嚴重打擊，但現在已經回復到震災前的水準。

東北有四個被指定為第三類特種漁港的漁港，此種漁港全日本只有13個，依序為青森縣八戶港以及宮城縣氣仙沼港、石卷港和鹽釜港，支撐著日本的水產業。養殖漁業雖受到東日本大震災極大影響，所幸現在已經逐漸恢復。

北海道地區
東北地區
關東地區
中部地區
近畿地區
中國地區
四國地區
九州、沖繩地區

世界三大漁場在哪裡？

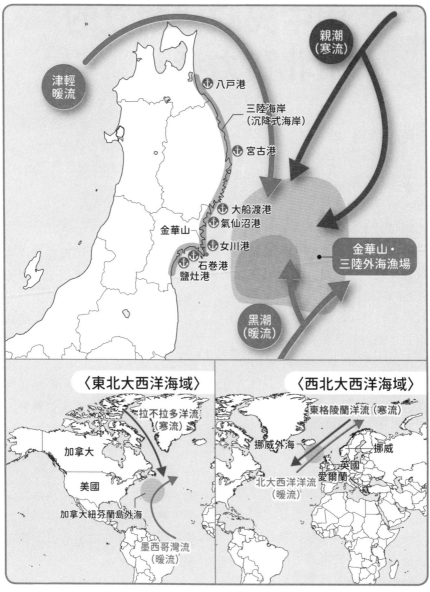

津輕暖流

親潮（寒流）

⚓ 八戶港

三陸海岸（沉降式海岸）

⚓ 宮古港

⚓ 大船渡港
⚓ 氣仙沼港
金華山
⚓ 女川港
⚓ 石卷港
鹽灶港

金華山・三陸外海漁場

黑潮（暖流）

〈東北大西洋海域〉

拉不拉多洋流（寒流）

加拿大

美國

加拿大紐芬蘭島外海

墨西哥灣流（暖流）

〈西北大西洋海域〉

東格陵蘭洋流（寒流）

挪威外海

挪威

英國

愛爾蘭

北大西洋洋流（暖流）

資料來源：水產廳等

民風保守地區的背景

與中央政權對立的東北實力者

阿弖流為 VS. 坂上田村麻呂

東北地區的歷史與大和朝廷中央政府的戰役息息相關。近畿地區曾是日本的中心，許多遠離近畿地區的部落與當時的大和朝廷爆發戰役，造就許多出師未捷身先死的悲劇英雄。

平安時代，在這個地方進行自治生活的人們被中央朝廷稱作蝦夷，為了控制這些不歸順的民族，當時中央政府在宮城縣的多賀城設立據點，幾度派遣遠征軍。其中征夷大將軍坂上田村麻呂的遠征最為知名。

另一方面，在蝦夷也有名為阿弖流為的勇敢又深思熟慮的領導者。坂上田村麻呂在現在的岩手縣建造了後稱膽澤城的據點，與阿弖流為率領的蝦夷合同軍開始了一進一退的攻防戰。阿弖流為

最後表示服從，被帶往京都處刑，雖然田村麻呂為他求饒，但毫無效果，最後是朝廷獲勝。

前九年之役、後三年之役

中世紀時期發生了連在畿內都沒發生過的大規模戰役。陸奧國地區的強大豪族安倍氏開始拒絕對朝廷上繳賦稅。為了平定此勢力，朝廷派遣了以智勇雙全著名的源賴義。雖然源賴義陷入苦戰，但成功勸說出羽的豪族清原光賴加入己方，總算贏得勝利，這就是前九年之役。

之後，由於治理此地的清原氏發生家督之爭，被任命為陸奧守的源賴義之子，源義家八幡太郎介入此事，所引發的戰爭就是後三年之役。源氏的威名也因此在東國聲名遠播。

東北歷史地圖

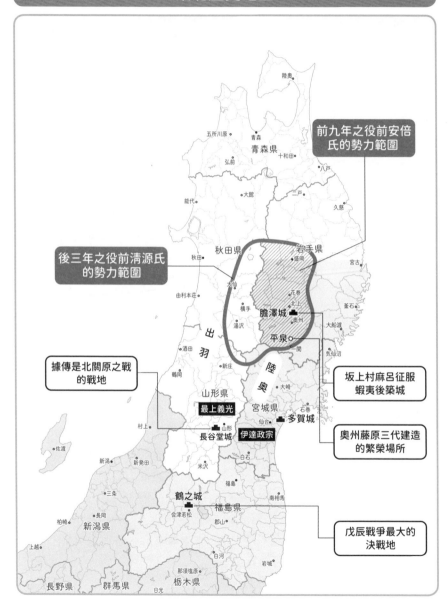

前九年之役前安倍氏的勢力範圍

後三年之役前清源氏的勢力範圍

據傳是北關原之戰的戰地

坂上村麻呂征服蝦夷後築城

奧州藤原三代建造的繁榮場所

戊辰戰爭最大的決戰地

青森縣

五所川原　青森
弘前　十和田
能代　大館　八戶
二戶
久慈

秋田縣　岩手縣
秋田　盛岡　宮古
大仙　花卷
橫手　北上　釜石
湯沢　膽澤城　大船渡
平泉　奧州　氣仙沼
一関

出羽

酒田
鶴岡　新庄
陸奧

山形縣
最上義光　大崎
山形　仙台　多賀城
長谷堂城　伊達政宗　石卷
宮城縣

佐渡
新潟　新発田
村上　米沢　白石
三条　鶴之城
新潟縣　会津若松　福島縣
柏崎　長岡　郡山　南相馬
上越
長野　那須塩原
長野縣　群馬縣　栃木縣　岩沼
日光　白河

北海道地區
東北地區
關東地區
中部地區
近畿地區
中國地區
四國地區
九州、沖繩地區

藤原泰衡 VS. 源賴朝

平安時代末期東北迎來繁華時期，是一個以岩手縣平泉為中心、能與中央勢力匹敵的奧州藤原氏時代。特別是清衡、基衡、秀衡三世代，被稱為奧州藤原三代，榮耀至今仍深刻地烙印在人們心中。

秀衡以藏匿源義經（牛若丸）著名。秀衡之子泰衡違反父親的遺言消滅平氏之後，背叛被哥哥追殺的義經，結果也自取滅亡。簡直就是「夏草與武士，如夢了無痕」。另外，此時未被燒毀的中尊寺金色堂，現在則登錄在世界遺產名冊中。

從戰國時代到安土桃山時代，無論是首都還是關東，都有廣泛且激烈的武將混戰。其中最有名的便是獨眼龍伊達政宗了，但是真正將東北混戰收歸為一統的，卻是其生父伊達輝宗與伯父最上義光。

在秀吉統一天下後，越後地區則移封給其陪臣直江兼續所擁戴的上杉謙信養子——上杉景勝。

之後東北便由東北三雄伊達家、最上家以及上杉家互相抗衡。在與關原之戰同時進行、又稱北關原之戰的慶長出羽合戰，即長谷堂合戰開戰，這場戰役使保持觀望的伊達政宗取得最終勝利。

奧羽越列藩同盟 VS. 新政府軍

時代來到幕府末期，不服從朝廷與幕府命令執行上洛職責、進而倒幕成功的薩長同盟，同情原先的共同敵人會津藩與此區各藩，便結成了奧羽越列藩同盟。與北上進行鎮壓的新政府軍產生對峙，但是在手執錦之御旗的新政府軍與新式軍制以及兵器威力的雙重打擊下，該同盟遭到摧毀。孤立無援的會津藩在鶴之城——會津若松城與新政府軍進行無援的背水一戰，著名的白虎隊悲劇即是此時的故事。

過去的權力對峙時期造就出許多悲哀的歷史，明治時代後的東北是一個十分保守的地區。在岩手縣等有許多日本首相輩出。

東北的歷史（對中央政權）

時代	東北的勢力		中央政權
平安初期 797～802	阿弖流爲 （蝦夷派）	VS.	坂上田村麻呂 （征夷大將軍）
	中央政府軍征服蝦夷的戰役。征夷大將軍坂上村麻呂大勝阿弖流爲，征服了蝦夷。		
1051～1062 前九年之役	陸奧的豪族 安部氏	VS.	源賴義
	在陸奧豪族安部氏與中央政府國司的爭奪中，源賴義代表中央政府參戰。加上出羽豪族清原氏的協助，政府軍贏得勝利。		
1083～1087 後三年之役	出羽的豪族 清原氏 （家督爭執）	VS.	源義家 （八幡太郎）
	在出羽豪族清原氏的家督爭奪中，任職陸奧守的八幡太郎以源義家身分介入。 協助源清衡壓制內亂。		
1094（平泉）～ 1187（秀衡死去）	在平泉奧州藤原三代的榮華		
	獲得後三年之役勝利的藤源清衡掌握清原氏的領地，居住地移到了平泉。 之後經過了基衡、秀衡三代，平泉在奧州繁榮到能與京都匹敵的程度。		
1189	藤原泰衡	VS.	源賴朝
	秀衡死後，繼承家督之位的泰衡被鎌倉幕府的源賴朝， 以藏匿源義經爲由消滅敗北。平泉的繁榮在此結束。		
1567（出生）～ 1636（死去）	伊達政宗登場		
	從戰國時代後期到江戶時代初期率領仙台藩的藩主。 作爲德川幕府三代將軍家光的顧問而聲名遠播。		
1600	上杉景勝	VS.	德川家康
	在關原之戰呼應了石田三成、於西軍派崛起的上杉軍， 因西軍的敗北而結束戰爭，向家康軍投降。		
1868	奧羽越列藩同盟	VS.	新政府軍
	戊辰戰爭中作爲舊幕府派參戰的會津藩。明治維新後，與奧羽越列藩同盟， 在新政府軍作戰敗北。鶴之城發生的白虎隊悲劇也流傳至今。		

東北出身的歷代首相

第19代原敬（陸奧國岩手縣出生）、第30代齋藤實（陸奧國岩手縣出生）、第37代米內光政（岩手縣出生）、第70代鈴木善幸（岩手縣出生）

北海道地區

東北地區

關東地區

中部地區

近畿地區

中國地區

四國地區

九州、沖繩地區

日本海

太平洋

6 松島 @宮城縣

松島為日本三大景色之一，松島灣內擁有大大小小約260座的群島，放眼望去的美景，即是松尾芭蕉心中的「旅途中最蔚為壯觀的月」—松尾芭蕉如此讚嘆的實際的名勝地。

相片提供：宮城縣觀光課

7 銀山溫泉 @山形縣

從江戶時代便作為溫泉地，懷舊氣氛的人門聲戲，大正時代時空般。尤其在下雪時的季節，溫泉街更別有一番風情，十分受到歡迎。

相片提供：尾花澤市觀光物產協會

8 夏威夷度假村 @福島縣

作為電影《扶桑花女孩》的舞台而聞名，四季如夏的度假飯店，日本溫泉啟的一併設立的旅館，內有許多娛樂設施，不論大人小孩皆可享受愉快的一天。

相片提供：夏威夷度假村

東北地區的觀光

橫跨青森縣與秋田縣的白神山地，擁有登錄為世界遺產的山毛櫸原產森林。岩手縣的平泉也於2011年登錄為世界遺產。由建築庭園等打造理想世界的創意，獲得世界上很高的評價。被橫素封為大自然寶庫、擁有豐富溫泉鄉的東北地區，被稱為「陸奧」，以「陸奧」為人所知，勾起了日本人的無限鄉愁。（編輯部）

③ 男鹿日本海裶火 @秋田縣

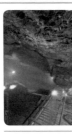

©男鹿日本海花火實行委員會

於2018年迎來16週年的男鹿日本海裶火，曾發射約1萬發煙彈富。多種煙火的煙火大會，縮紛於水補陷是綻放在反射在水補上形成絕佳的景色。

④ 龍泉洞 @岩手縣

相片提供：公益財團法人岩手縣觀光協會

日本三大鐘乳石洞之一，國家天然紀念物。洞內龍泉乳石洞。鮮明藍色的湖水補陷是5,000公尺。一路進這個潭靚的美麗世界。如同進入一個神靚的美麗世界。

① 三內丸山遺跡 @青森縣

相片：金子鴻

記載於歷史教科書中、繩文時代的有名遺跡，距現今約5500年前的大規模村落。可以在一併設立的繩文時遊館展示室裡，看到被挖掘到的出土品。

② 青森睡魔祭 @青森縣

相片提供：（公社）青森觀光誌會協會

於夏季8月中舉行、日本有300萬人的祭典，為日本青森一帶的祭典，烏青森的夜晚的遊客前來，讓青森睡魔祭變得更加熱鬧。1980年被指定為國家重要無形民俗文化財。

⑤ 田澤湖（秋季）@秋田縣

相片提供：秋田縣仙北市役所

以「日本第一深」為傲的湖泊，周圍湖綠化、四季景色。菁季節變化，可在綠有玩春季節色的湖面看到不同雨就的原色。連著搭乘有趣觀覽船、充分享受秋田的自然風景。

地圖標示

北海道
函館
白神岬
龍飛崎
津輕海峽
下北半島國定公園
大間崎
むつ
恐山
惠山岬
北山崎
入道崎
米代川
能代
八郎潟調整池
能代平野
大館盆地
森吉山
大館
弘前
五所川原
十三湖
岩木山
津輕平野
津輕國定公園岩木山
白神山地（世界遺產）
玉川溫泉
八甲田山
十和田山
十和田湖
八幡平
三戶
馬淵川
八戶
奧入瀨川
馬淵川
小川原湖
下北半島
陸奧灣
佛之浦
津輕海峽
津輕半島
青森縣
八甲田八幡平國立公園
久慈
陸中海岸
黑崎

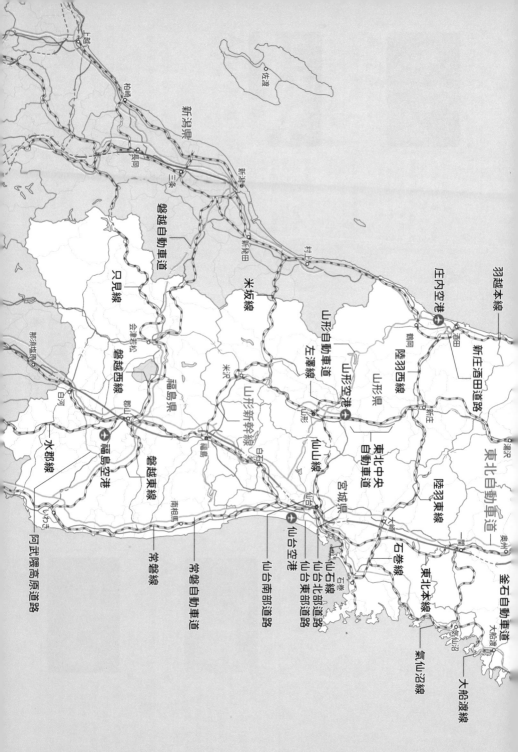

上越

佐渡

柏崎

新潟県

長岡

三条

磐越自動車道

只見線

新発田

新潟

村上

庄内空港

羽越本線

新庄酒田道路

米坂線

酒田

鶴岡

陸羽西線

左沢線

山形自動車道

山形県

山形空港

JR

東北自動車道

奥州

釜石自動車道

気仙沼

大船渡

米沢

南陽

喜多方

会津若松

磐越西線

磐越西線

福島県

郡山

福島

山形新幹線

山形

新庄

陸羽東線

仙山線

東北中央自動車道

白石

宮城県

石巻線

石巻

大船渡線

大船渡

気仙沼線

一ノ関

東北本線

那須塩原

水郡線

福島空港

白河

磐越東線

小野新町

南相馬

いわき

阿武隈高原道路

常磐線

常磐線

常磐自動車道

仙台南部道路

仙台空港

仙石線

仙台北部道路

仙台東部道路

塩釜

仙台

東北地區的交通

東北地區的交通主要有東北新幹線、東北高速公路、機場等。東北高速公路是以東北中心部為主幹，日本海沿岸的高速公路也逐漸整頓完工。秋田以北有秋田以南則以日本海東北高速公路為主。近日，開通了湯井港到遊在區間的渡口。另外，雖然秋田新幹線與由山形新幹線作為新幹線，卻是行駛在原有的在來線線軌道而非新建的新幹線軌道道。（編輯部）

圖例

—————— 新幹線
- - - - - JR線
━━━━━━ 私鐵線
—————— 高速公路
—————— 汽車專用道
—————— 其他道路

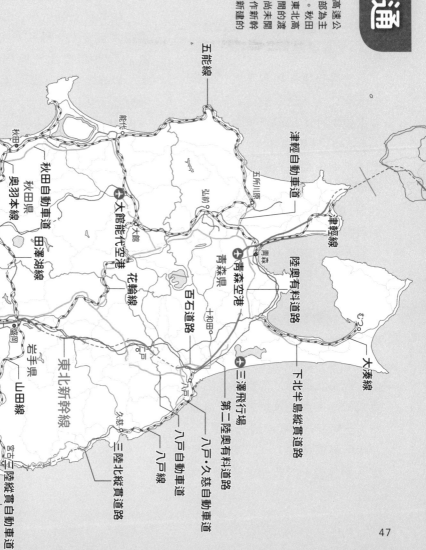

五能線

津輕自動車道

陸奧有料道路

下北半島縱貫道路

大湊線

津輕線

青森空港

青森縣

十和田

三澤有料道路

三澤飛行場

第二陸奧有料道路

八戶久慈自動車道

八戶自動車道

八戶

百石道路

岩手縣

宮古三陸縱貫自動車道

三陸北線

三陸北縱貫自動車道

久慈

山田線

花卷空港

東北新幹線

盛岡

花卷

北上線

大曲西道路

田澤湖線

花輪線

大館能代空港

大館

奧羽本線

秋田縣

田澤湖線

秋田空港

秋田自動車道

秋田

能代

五所川原

弘前

日本海東北自動車道

由利本莊

秋田新幹線

大仙

47

長期積雪的東北所培育出的工藝品

沿著汽車道建構而成的矽路

尋求低成本，工廠遠走海外

東北過去意外地曾是近代工業的先端之地。岩手縣釜石的官營釜石製鐵所於1880年開業，比北九州的八幡製鐵所早了20年以上。當地南部藩有被尊稱為近代製鐵之父的偉人——大島高任，他是日本第一位以西方高爐，利用鐵礦石達成連續生產的人物。

進入大正時期，青森八戶的水泥公司等也開始開工，牽引了此地的工業。

被稱為戰後金雞母的群體就業，作為其代表的東北地區比起自興工業，成為人才的主要供給處。以東北為始，來自各地的年輕人紛紛來到東京於各個工廠就業，支持著日本高度經濟發展。

高度經濟發展告一段落、時代進入平成後，如此光景產生了變化。相較於首都一帶，便宜的地價與人資費受到矚目，在交通網路的發展和東北地區招攬的結果，誘發許多電子零件工廠往東北地區發展。

相對於被稱為「矽島」的九州，東北地區的半導體工廠因沿著東北汽車道集中，所以被稱為「矽路」。

但在東北發生的事，也在中國、韓國、東南亞發生了。地方人事費增加、成本失去優勢的企業，只能轉移到能便宜生產的海外，導致產業空洞化。

這樣的傾向不僅限於東北，對現在日本經濟來說是很大的問題。

東北矽路的主要工業產品

圖例

━━━	高速公路
───	汽車專用道
───	其他道路

主要工廠與工業種類

- IC　IC相關
- 化　化學製品
- 電　電機產品
- 汽　汽車
- 食　食品
- 紙　製紙、紙漿業

北海道

函館

むつ

五所川原　青森
弘前　　青森縣　十和田
　　　　　　　　　八戸
能代　大館　　　一戸
　　　　　　　　久慈

秋田縣　　岩手縣
秋田　　　盛岡　　　宮古
　　大仙　花巻
由利本荘　横手　　北上
　　湯沢　奥州　　釜石
　　　　　一関　大船渡
酒田　　　　　　気仙沼
　　　新庄
鶴岡
　　　山形縣　宮城縣　大崎
村上　　　　　　　　石巻
　　　　山形　仙台
佐渡　　　　白石
新潟　　　　米沢
新発田　　　福島
　　　　　　南相馬
新潟縣　福島縣
柏崎　長岡　会津若松
上越　　　郡山
　　　　　　白河　いわき
　　　　那須塩原
三条　栃木縣
長野縣　群馬縣　日光

北海道地區

東北地區

關東地區

中部地區

近畿地區

中國地區

四國地區

九州、沖繩地區

受到海外矚目的傳統工藝品

東北工業的另一產業是傳統工藝。在總是布滿深厚積雪的東北冬季，當地的室內工作成為不可或缺的產業。活用當地原料生產的特產品，歷經長年累月的試驗與失敗，進而昇華成美麗的工藝品。

目前需經過經濟產業省受到指定審查的傳統工藝品，才能貼上傳統認證。

青森的津輕漆器是以弘前為中心、在津輕地區所生產的漆器。從大桌子到小至筷子等的產品，皆是經過嚴謹地反覆塗製而成。

岩手縣從南部鐵器開始介紹，像是在盛岡和水澤等製作的鐵製瓶子和風鈴；秋田縣特別要提及大館的竹製便當盒，將木片精巧彎曲所製成的便當盒、套盒和櫃子等，正是職人技術的結晶。

還有宮城縣的傳統木芥子，以及為人熟知的山形縣天童將棋棋子；福島縣則有比石川縣輪島塗歷史還悠久的會津漆器。

這裡所提及的傳統工藝品只是極小部分。雖然也面臨後繼無人的問題，不過如今這些各式各樣的工藝品的海外需求也漸漸增加。「酷日本」（Cool Japan）可不是只指動畫的獨家專利（注：「酷日本」是日本政府向海外推銷國際公認的文化軟實力所制定的宣傳計畫與政策）。

東北的傳統工藝品

青森	津輕漆器
岩手	南部鐵器、岩谷堂簞笥、秀衡漆器、淨法寺漆器
宮城	宮城傳統木芥子、雄勝硯、鳴子漆器、仙台簞笥
秋田	樺細工、川連漆器、大館竹製便當盒、秋田杉桶樽
山形	山形鑄物、置賜紬、山形佛壇、天童將棋棋子、羽越科布
福島	會津塗、大堀相馬燒、會津本鄉燒、奧會津編織細工、奧會津昭和苧麻織

關東地區
Kanto

群馬縣 (縣廳所在地：前橋市)

人　　口	1,973,115 人
面　　積	6,362.28 k㎡
戶　　數	773,952 戶
人口密度	310.1 人 / k㎡
高齡者人口	540,026 人
高齡人口比例	27.6%

栃木縣 (縣廳所在地：宇都宮市)

人　　口	1,974,255 人
面　　積	6,408.09 k㎡
戶　　數	763,097 戶
人口密度	308.1 人 / k㎡
高齡者人口	508,392 人
高齡人口比例	25.9%

茨城縣 (縣廳所在地：水戶市)

人　　口	2,916,976 人
面　　積	6,097.06 k㎡
戶　　數	1,124,349 戶
人口密度	478.4 人 / k㎡
高齡者人口	771,678 人
高齡人口比例	26.8%

埼玉縣 (縣廳所在地：埼玉市)

人　　口	7,266,534 人
面　　積	3,797.75 k㎡
戶　　數	2,971,659 戶
人口密度	1,913.4 人 / k㎡
高齡者人口	1,788,735 人
高齡人口比例	24.8%

東京都 (都廳所在地：新宿區)

人　　口	13,515,271 人
面　　積	2,190.93 k㎡
戶　　數	6,701,122 戶
人口密度	6,168.7 人 / k㎡
高齡者人口	3,005,516 人
高齡人口比例	22.7%

神奈川縣 (縣廳所在地：橫濱市)

人　　口	9,126,214 人
面　　積	2,415.83 k㎡
戶　　數	3,979,278 戶
人口密度	3,777.7 人 / k㎡
高齡者人口	2,158,157 人
高齡人口比例	23.9%

千葉縣 (縣廳所在地：千葉市)

人　　口	6,222,666 人
面　　積	5,157.65 k㎡
戶　　數	2,609,132 戶
人口密度	1,206.5 人 / k㎡
高齡者人口	1,584,419 人
高齡人口比例	25.9%

北海道地區

東北地區

關東地區

中部地區

近畿地區

中國地區

四國地區

九州、沖繩地區

根據「平成27年國勢調查」

重要機關、情報、聚集人群的首都

北方三縣、南方四都縣構成的關東

群馬、栃木、茨城與埼玉、神奈川、東京、千葉

關東的名稱是從守護畿內三個關的東邊命名。雖然擁有日本第一大的關東平原，從古代到中世紀時期一直是悠閒、寧靜的土地，但從江戶時代之後便開始急速發展。

構成關東地區的都道府縣共有七個。大致區分為北方的群馬、茨城、栃木和南方的埼玉、千葉、東京、神奈川，非常容易理解。

首先是北關東。北關東的三個縣全面向福島縣。不知是否為此影響，在某些區域可以聽見如東北方言的腔調。雖然在電視的綜藝節目等常被揶揄，但是離首都的地理位置近、內陸型工業充實，農業生產在全國也是高水準，其實是兼具著不錯的條件。

縣廳所在地的名稱和縣名有所不同，也是三個縣的共通點。從靠近太平洋的茨城縣，在江戶時代設置御三家水戶藩的水戶市為縣廳所在；將縣廳設立在以餃子著名的宇都宮市的栃木縣，還有縣廳在前橋市的群馬縣。群馬縣連接新潟縣和長野縣，栃木縣和群馬縣也都是內陸縣。

另一方面，將南關東解釋為狹義上的首都圈會更容易理解。在這邊就將東京都視為中心。東京北部是以埼玉市為縣廳所在地的埼玉縣；東邊是千葉縣，縣廳所在地也是千葉市。要說千葉外海沿岸的外房在哪的話，雖然感覺離北關東較近，但以內房為東京居住地的印象更深刻；東京南邊則是在橫濱市設立縣廳的神奈川縣。歸屬於首都圈的各縣鐵道網、道路網，一同從市都心以放射線狀連結，首都圈一帶更有以同心圓狀環繞的環狀線。

關東各都縣

新潟縣

福島縣

栃木線
○
宇都宮市

群馬縣

前橋市

水戶市
○

長野縣

茨城縣

埼玉縣

埼玉市
○

東京都 ○
東京

千葉市
○

山梨縣

神奈川縣
橫濱市 ○

千葉縣

靜岡縣

北海道地區

東北地區

關東地區

中部地區

近畿地區

中國地區

四國地區

九州、沖繩地區

　　匯集了政治、經濟與文化的重要機關、情報和人員，日本比以前聚集了更多來自世界各地的人們。「東京一極集中」的狀況該如何解決，也是目前日本所背負的一大課題。

北方是來自上州的風；南方的小笠原是亞熱帶氣候

溫暖的太平洋側氣候
與典型內陸性氣候

人類建造大都市所帶來的熱島效應

受到南方帶來的溫暖海水——黑潮（日本暖流）與東南季節風的影響，關東地區太平洋岸全年屬於較溫暖、夏季多雨、被稱為典型的太平洋側氣候。黑潮在冬天也會流經此處，即使冬天也相對溫暖。

內陸則是夏冬、晝夜有著激烈溫差的典型內陸性氣候，相對於不易變冷、變熱的水，土則是易熱且易冷，因此造成了內陸容易變成冷熱溫差劇烈的氣候。

後方有越後山脈的上州群馬縣，以焚風聞名——從西北方吹來的冬天季節風。此風運來的空氣越過後越山脈時，由於溫度與氣壓下降，排出水分，越過山的風才如此乾燥。

說到上州，赤城山也十分有名。從赤城山東南方、與焚風相同的機制，固定在冬天吹襲的乾冷風，即是有名的「赤城落山風」。

東京都有許多附屬離島，包含伊豆大島和八丈島的伊豆諸島也算在東京都。因位在南方海上，是全年降水量少又溫暖的地區。附屬於東京都的小笠原諸島由於幾乎和沖繩本島同緯度，是四季如夏的亞熱帶氣候。

氣候不是全然依自然條件決定，在首都圈和大都市周邊出現夏季氣溫異常高的情況，稱為熱島效應。

鋪設柏油和水泥的地面，與被自然泥土等覆蓋的地面相比缺乏保水性。流向地面的熱能因水蒸發時消耗的能量不多，導致熱氣直接發散。

加上冷氣等的普及，人工排熱

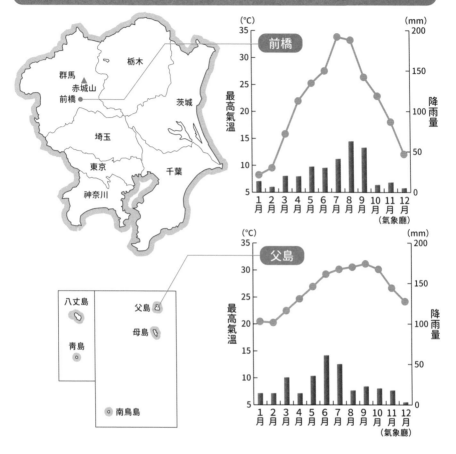

各月最高氣溫與每月單日最高降雨量 (平成30年)

前橋

父島

（氣象廳）

北海道地區

東北地區

關東地區

中部地區

近畿地區

中國地區

四國地區

九州、沖繩地區

被認為是氣溫上升的原因。另外，熱島效應會形成上升氣流，也是產生雷陣雨的原因之一。

熱島效應是人類所造成，反過來說，也只有人類的聰明才智才能夠防止，因此需要在還有辦法控制的情況下訂定對策。

利根川沖積出的廣大土地

廣大的關東平原讓關東成爲日本第一

受惠於山水圍繞，成爲物產豐沛的地區

關東地區能夠發展至今的起源之一，是因為有關東平原。不知為何關東平原有阻擋南北的印象，但只要仔細觀察地圖就能理解，關東平原東西部被太平洋以及作為關東山地代表的群山所包圍，南北廣大的平原面積幾乎和四國地區一樣大。

其中由西至東流過關東平原的大河，是流域面積日本第一的利根川。河川的長度僅次於別名「坂東太郎」、日本第二長的信濃川。渡良瀨川和鬼怒川兩條主要河川也是利根川的支流。

關東平原的東邊由鹿島灘沿岸與九十九里濱的海岸線連成了＞形。在＞形的頂點有海港城市銚子的犬吠埼，利根川流經犬吠埼注入太平洋。此外，利根川的分流江戶川注入了由房總半島和三浦半島所包圍的東京灣。從奧秩父持有的水源荒川分支出隅田川、多摩川等。

若朝西看，便是三浦半島和伊豆半島所包圍的相模灣，以山中湖作為水源，流經相模湖、津久井湖等堰塞湖，最後注入相模川。

關東平原的東西邊是火山灰和紅土黏土化形成的關東壤土，上有下總台地和武藏野台地形成略微隆起的地形。

茨城和千葉縣境的霞之浦是日本面積第二大的湖泊。心形的是西浦，細長形的則是北浦。

關東平原的背後是越後山脈和關東山地所形成的「＜」字形，如守護屏般聳立著。如此縱觀來看，就能清楚了解，關東是以關東平原為中心，受到山水恩惠的地區。

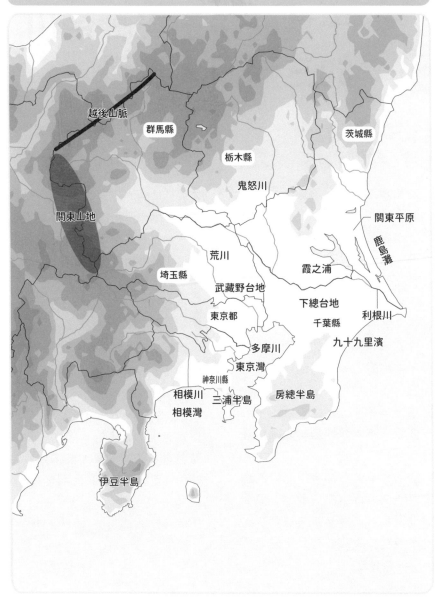

關東地區的地形

越後山脈

群馬縣

栃木縣

茨城縣

鬼怒川

關東平原

鹿島灘

關東山地

荒川

霞之浦

埼玉縣

武藏野台地

下總台地

東京都

千葉縣

利根川

多摩川

九十九里濱

東京灣

神奈川縣

相模川

三浦半島

房總半島

相模灣

伊豆半島

北海道地區

東北地區

關東地區

中部地區

近畿地區

中國地區

四國地區

九州、沖繩地區

茨城也有優質漁場！

千葉的銚子與神奈川的三浦兩大漁港

銚子的沙丁魚、三浦的鮪魚

說起關東地區的魚類，千葉縣的銚子和神奈川縣的三崎十分有名。兩者皆被指定為特定第三種漁港，銚子港從2011年起連續八年漁獲量蟬聯日本第一。主要是沙丁魚、鯖魚及秋刀魚等常出現在餐桌上的魚類。

位於三浦半島南端的三浦市三崎，本地的三崎漁港因捕撈鮪魚而知名度大增。搭上流行風潮、提前發展觀光，加上接近市中心等要素，不僅是漁獲，人潮也蜂擁而至。

銚子的千葉和神奈川三崎的漁港，很久以前就頗負聲名，只要提到關東水產業必定會提及的程度，但在關東意外有另一個漁業縣——茨城縣。

雖然因靠近銚子港而相對遜色，但以鯖魚和沙丁魚的漁獲量為傲的「波崎新港」；僅次於琵琶湖、日本第二大湖的「霞之浦」，也是能釣到西太公魚和白魚的絕佳漁港。淡水漁業也頗為興盛。鯉魚、金魚和鯰魚的養殖也十分活躍。

西河豚，東鮟鱇

最近受到動畫《少女與戰車》的影響，作品舞台的大洗町鮟鱇魚頓時晉升主流。至於為什麼有「西河豚，東鮟鱇」的說法，是因以前身為御三家之一的水戶藩獻給將軍家的鮟鱇魚，被認為其美味程度足以跟河豚相比而著名。

北海道地區

東北地區

關東地區

中部地區

近畿地區

中國地區

四國地區

九州、沖繩地區

關東的水產

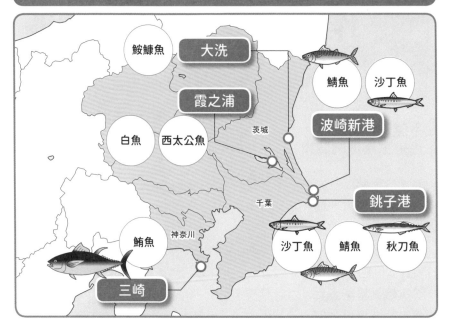

銚子港的漁獲量

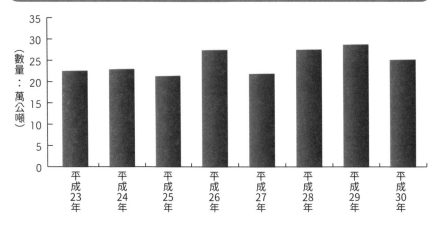

銚子市漁業協同組合

59

農業

作為大都市、東京的郊區
農業食材供給地也十分優秀

不僅是消費地區，也是生產地的關東

因人口眾多而一味地被認為是消費地區的關東地區，其實也是非常優秀的食材供給地。

離大量消費地東京近。輸送成本也相對低，就是郊區農業的優點。

不僅是北關東最大，以農業規模僅次於北海道為傲的茨城縣，其耕地面積的比例相對於都道府縣，長年凌駕於北海道並維持第一的位置。

曾以各式各樣商品與茨城縣互相競爭生產量第二名的千葉縣，直到現在也是蟬聯上位，但受到住宅用地化的影響，農業生產額有減少的傾向。

還有像是住在松戶（當時是大橋村）的少年發現日本梨（二十世紀梨）的樹苗，千葉正是二十世紀梨原產地冷知識的緣由。現在仍是畜牧業的大縣。

從栃木的栃姬草莓到群馬的下仁田蔥

栃木縣以栽培名牌草莓「**栃姬**」為代表而出類拔萃，相鄰的群馬縣則以下仁田町的蒟蒻芋及大蔥著名。還有嬬戀村等利用涼爽氣候、進行種植高麗菜的高冷地農業。

由於難以掌控出貨時間，因此利用抑制栽培方法控制生長。一般會選擇市場價格高、高單價時期轉移出貨時間。與利用促進栽培方式來培育的原因相同。

北海道地區

東北地區

關東地區

中部地區

近畿地區

中國地區

四國地區

九州、沖繩地區

生產量 No.1！

茨城的 No.1 （平成29年）

哈密瓜 水菜 蓮藕 青椒 早稻 青江菜 栗子 等

茨城縣官方網站

千葉的 No.1 （平成28年）

大蔥 蘑菇 白蘿蔔 日本梨 菠菜 落花生 毛豆 等

千葉縣官方網站

各縣的主要農作物

茨城	利根川下游水鄉地帶的早稻、蕎麥、番薯、落花生、日本梨、栗子、白菜、青椒、蓮藕、哈密瓜、火蔥(此處指薤，並非火蔥)
千葉	落花生、日本梨、芋頭、菠菜、蔥、蕪菁、毛豆、白蘿蔔、胡蘿蔔、枇杷、西瓜、蘑菇、馬鈴薯、高麗菜、番茄、小黃瓜、雞蛋、牛乳
群馬	山麻、土當歸、蜂斗菜、小黃瓜、高麗菜、萵苣、青江菜、菠菜
栃木	土當歸、乾瓢、西洋菜、韭菜、辣椒、芋頭、草莓、日本梨
埼玉	小松菜、蔥、青花菜、菠菜
東京	芝麻菜、藍莓

支撐現在關東工業的栃木、群馬、埼玉

關東內陸工業地區
出貨量全國第三

降為全國第五的
京濱工業地帶

過去曾為工業製品出貨量日本第一的京濱工業區，現在卻淪落到第二名也稱不上的地步。

1999年被中京工業區奪得第一的寶座後，緊接著還輸給了阪神工業區、瀨戶內工業區、關東內陸工業區，現在在日本國內工業區中的產量淪為第五。

恰如其名，京濱工業區從東「京」橫跨川崎，發展到橫「濱」的東京灣西岸。此地區距離市中心的路線非常多樣、交通便利，可說是數一數二的優良地區。工業活動無論在哪裡都可以進行，基本上除了人群聚集的地方以外，其他完全不需要商業及住宅用地。但隨著勞動力成本飆升、加工貿易沒落、企業生產基地外移等，京濱工業區的工業用地也漸漸轉為商業、公寓及飯店用地。

那麼現在究竟是哪些地區正支撐著關東的工業，答案就是橫跨栃木、群馬、埼玉三個縣的關東內陸工業區，其中說是速霸陸汽車（SUBARU）的企業城也不為過的北關東第一工業都市——群馬縣太田市，也十分有名，這裡甚至有個直接稱為「速霸陸町」的城鎮。

鄰近太田市的大泉町，最近則因電視主持性節目及週刊雜誌的影響變得繁榮，進而引起了日本國內的關注。總人口不到4萬2千人的大泉町，其中有7,500人是外國人，外國人中又有一半以上是巴西人。然而這些巴西裔的居民裡有不少人領著社會補助，卻不遵守日本的文化規範，或是對當地治安造成威脅，因此，鎮上的治安和財政可說是陷入了困境。

關東地區主要工業

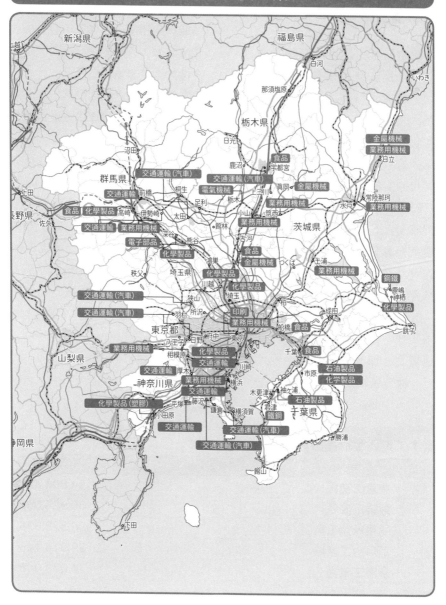

北海道地區

東北地區

關東地區

中部地區

近畿地區

中國地區

四國地區

九州、沖繩地區

東京灣東岸蓬勃發展的 京葉工業區

追根究柢，造成如此後果的原因是，過去曾有知名大企業工廠來此設廠。當時泡沫經濟時期產量大增，造成人力缺口，企業開始從巴西等各國尋求外國勞工。不過之後泡沫經濟崩壞，產業空洞化的工廠也進行了人員削減。

於是，沒有錢、也回不了家的外籍勞工只能被迫滯留日本。雖說就這樣留下來，但因為沒受過高等教育，二度就業當然不如想像容易。

這個問題不僅限於大泉町。日本其他地區外國人的占比近年急速增高，那些地方多少也跟大泉町一樣有著相同的問題。

對企業來說比起開業，休業時造成的問題相對嚴重。雖說必須在合法範圍內招攬外國勞工，引進後，也應該做到完善的照料，那麼是否一開始就該謹慎評估呢？

在東京灣東岸蓬勃發展的是京葉工業區。千葉和君津主要是鋼鐵工業；市原則是石油化學工業。

說到千葉的工業，就不得不提千葉縣東邊的銚子及西邊的野田，皆積極發展的釀造醬油。兩座城市受惠於關東平原富饒的原料，以及利根川等河流所提供的水運，進而興起製造醬油的產業。

●各工業區製造品出貨額

	地區、地域	製造品出貨額（百萬元）
1	中京工業區	54,804,478
2	阪神工業區	30,925,000
3	關東內陸工業區	30,328,838
4	瀨戶內工業區	28,919,145
5	京濱工業區	24,073,048

經濟產業省 平成29年

● 大泉町周邊外國人人數

依據（平成29年12月31日，框框內為外國人比例）群馬縣

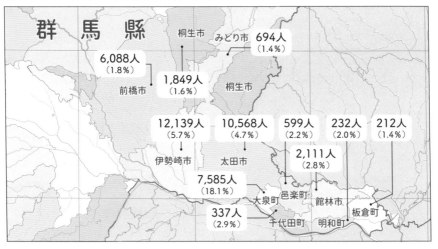

群 馬 縣

桐生市
みどり市 694人（1.4%）

6,088人（1.8%）
前橋市

1,849人（1.6%）
桐生市

12,139人（5.7%）
伊勢崎市

10,568人（4.7%）
太田市

599人（2.2%）

232人（2.0%）

212人（1.4%）

2,111人（2.8%）

7,585人（18.1%）
大泉町　邑楽町

館林市

板倉町

337人（2.9%）
千代田町　明和町

● 大泉町的國籍別外國人數

（平成30年11月30日）、大泉町

國名	人數（人）	高齡人口比例(%)
巴西	4,306	56.8
祕魯	966	12.8
尼泊爾	681	9
菲律賓	263	3.5
越南	221	2.9
中國	216	2.9
玻利維亞	169	2.2
印尼	146	1.9
韓國&朝鮮	100	1.3
印度	69	0.9
其他	439	5.8
合計	7,576	100

● 日本市區町村外國人比例前十名

（依據平成27年國勢調查）

排名	市區町村名	都道府縣名	比例(%)
1	川上村	長野縣	15.76
2	大泉町	群馬縣	14.64
3	生野區	大阪府大阪市	12.58
4	南牧村	長野縣	12.56
5	新宿區	東京都	9.15
6	浪速區	大阪府大阪市	8.03
7	中區	神奈川縣橫濱市	7.77
8	豐島區	東京都	7.65
9	港區	東京都	7.04
10	台東區	東京都	6.96

※在此說明大泉町正嘗試各式各樣的方法，以共存的觀點保留巴西人的文化及傳統作為大泉町的財產。

北海道地區
東北地區
關東地區
中部地區
近畿地區
中國地區
四國地區
九州、沖繩地區

關東地區的交通

首都東京是交通要地。以東名高速公路為首，擁有眾多的高速公路及汽車專用道路，還有作為起點的東海道山陽新幹線、北陸的東北新幹線等。這張地下鐵地圖並沒有全部記載，其他還有東京地下鐵以及都營地鐵；鐵路則是由私鐵、JR鐵路交織成如網子般的鐵路交通網。另外，隨著羽田機場的國際化，航班數也隨之增加，邁向世界的腳步也變得更加便利。（編輯部）

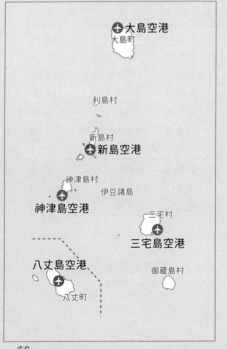

東北新幹線
東北自動車道
東北本線
常磐自動車道
日光宇都宮道路
烏山線
水郡線
渡良瀬
溪谷鐵道
良瀬溪谷線
日光線
上越線
東武日光線
兩毛線
北關東自動車道
常磐線
常陸那珂有料道路
東水戶道路
水戶線
高崎線
首都圈中央
連絡自動車道
關東鐵道常總線
百里飛行場
東關東自動車道
川越線
八高線
東武
伊勢崎線
筑波快線
鹿島線
西武池袋線
東京外環
自動車道
成田線
北總線
新空港
自動車道
成田國際空港
調布飛行場
中央線
武藏野線
京成本線
總武本線
南武線
山手線
京葉道路
銚子連絡道路
東京國際(羽田)空港
東京灣水線
東金線
第三京濱
千葉東金道路
根岸線
首都圈中央連絡自動車道
東海道本線
外房線
橫濱橫須賀道路
久留里線
館山
自動車道
橫須賀線
內房線
富津館山道路

圖例	
	新幹線
	JR線
	私鐵線
	高速公路
	汽車專用道
	其他道路

日本海

新潟県

上越
高田平野

高山

予
野盆地

長野県
原

霧ヶ峰

八ヶ岳

駒ヶ岳

奥利根湖
矢木沢ダム
至仏山

越後山脈
谷川岳

三国山脈

苗場山

白根山

四阿山

吾妻川

榛名山

浅間山

佐久
妙義荒船佐久高原国定公園

関東山地

両神山

秩父

秩父山地
雲取山

関東山地

燧ヶ岳
尾瀬国立公園

帝釈山

白根山
男体山 日光国立公園
皇海山
中禅寺湖
日光

赤城山

前橋

群馬県

伊勢崎

高崎

熊谷

渡良瀬川

足利

太田
館林

利根川

小山

栃木

谷中湖

古河

福島県

那須岳
白河

那須塩原

八溝山
八溝山地

久慈山地

日光東照宮

栃木県
鹿沼 宇都宮

鬼怒川

偕樂園
水戸
国営

茨城県

筑波山

常総台地

つくば

霞ヶ浦

土浦

成田山新勝寺

荒川

関東平野
埼玉2002
體育館

利根川

柏

甲武信ヶ岳

甲府

甲府盆地

北岳

赤石山脈
南アルプス
岳

東京車站
丸之内大廈

埼玉県

川越

さいたま

所沢
狭山丘陵
武蔵野台地

汐留SIO-SITE
汐留日本電視塔
関東山地

東京都

八王子

大月

津久井湖
相模湖 相模原

丹沢山

丹沢山地

富士吉田

山中湖

富士山

富士宮

羽田空港

川崎

横浜

神奈川県

相模川

鎌倉

横須賀

三浦半島

館山湾

3
隅田川

荒川

東京

東京湾

多摩川

富士電視台 千葉

幕張展覧館

成田
成田山
下総台地

成田空港

九十九里平野

6

船橋

彩虹大橋

千葉県

東京灣水線

木更津

君津

房総半島

房総丘陵

太東崎

勝浦

南房総国定公園

静岡県

富士

三島

沼津

天城山

御前崎

藤枝

焼津

駿河湾

伊豆半島

大井川

石廊崎

下田

小田原

相模湾

相模灘

横濱地標大廈
横濱港未來21

大島 (伊豆大島)

野島崎

太平洋

關東地區的觀光

① 尾瀨溼原 @群馬縣、福島縣、新潟縣

橫跨群馬縣、福島縣、新潟縣的高地溼原。初夏時，尾瀨的中心尾瀨之原的水芭蕉盛開。已指定為尾瀨國立公園，亦被選為日本百景。

相片提供：片品村觀光協會

② 足利花卉公園 @栃木縣

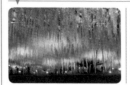

日本三大彩燈秀，近年來獲得各式各樣的獎賞，在全世界成為話題，面對外國人也以高人氣自豪。冬天時能欣賞彩燈秀，春天則能享受全年盛開的花卉。

相片：Shutterstock

③ 東京晴空塔 @東京都

於2012年5月開業、約634公尺、世界第一高的自立式電波塔。從350公尺的天望甲板、450公尺的天望迴廊一覽關東的美好景色，是東京的超人氣景點。

©TOKYO-SKYTREE

④ 長瀞泛舟 @埼玉縣

以秩父鐵道長瀞站為起點，可以欣賞列為國家特別天然紀念景點的疊岩的同時，觀看船家泛舟掌舵的高超技巧。是一項雖然驚險萬分卻能觀賞到絕美景色的活動。

©秩父鐵道

⑤ 橫濱海灣大橋 @神奈川縣

為了解決橫濱市街的塞車問題，於1989年9月開通、長達860公尺的吊橋。橫跨東京灣的橋姿態相當優美，常以富士山為背景出現在電影中。

相片提供：首都高速公路株式會社

⑥ 東京迪士尼度假區 @千葉縣

以東京迪士尼樂園及東京迪士尼海洋二大主題樂園為中心，內有旅館及商業設施等一大度假村地區。以日本第一集客力為傲，來自世界各地的客人持續造訪。

©Disney

正處於開發飛快的首都圈，完全不缺乏觀光景點。2003年以IT、上流社會代名詞「森林族」為話題的六本木新城開張。三年後，年輕人的購物勝地「表參道新城」、2007年的「東京中城」陸續開張，不管是道路還是人潮皆產生變化。2012年，東京新地標「晴空塔」與主打懷舊情調的新東京車站也啟用，造成不少話題。現在，為了迎接2020年東京奧運，首都圈的形象正逐漸產生極大變化。
（編輯部）

都心放大圖

高島屋時代廣場
小田急世紀南塔酒店
小田急世紀南塔露台
東京都廳
明治神宮
原宿
惠比壽花園廣場
池袋太陽城
TBS電視台
六本木新城森塔
東京中央城
朝日電視台

武士創造的關東歷史

以家康創立的江戶幕府爲契機，成爲日本中心地區

自稱新皇的平將門

關東地名有許多和武家名門姓氏一致的地區，包括千葉、宇都宮、鎌倉、三浦等，可看出關東的歷史也能說是武家的歷史。

說到武士初次讓朝廷感到恐懼的事件，就是承平5年（935年）平將門所引起的承平天慶之亂。繼承桓武天皇血統的平氏一族平將門因挑起族內的抗爭，被視為朝敵，將門以新皇自稱，草創關東政府。

關東真正成為武家中心地是大家所知道的，由源賴朝創立鎌倉幕府的時期（1185年）。值得一提的是，其整頓出有別於京都朝廷法律與官僚體系的事蹟。承久之亂後，在大和朝廷的視察下所建立，暫且不論其名，事實上，鎌倉已經不單是坂東的地方都市，而且成為時代的中心地。

關東是全國進入戰國時代的先驅

鎌倉幕府滅亡（1333年）後，朝廷對於擁有許多土地的強大武士家族更加戒備，新幕府室町幕府為了加強控制此地，便設立了鎌倉府。但是由於距離京城遙遠，中央的統治無法觸及，因此被稱為鎌倉公方的鎌倉府長官逐漸不受室町幕府控制。

結果就是造成室町幕府與鎌倉府長官之間的矛盾，後來鎌倉府內各方勢力為了爭奪鎌倉府公方以及主導權，展開了史稱「關東管領之爭」的政治鬥爭，造成許多同門的強大武士間的競爭。關東地區即是全日本最早進入戰國時代的地區。江戶城就是在此時建成（1457年），以太田道灌以及下剋上等策略馳名的戰國大名先驅北條早雲等充滿魅力的武將，活躍於關東這個舞台。

關東歷史年表

6000年前左右	因「繩文海進」的出現為東京灣帶來豐沛海產，多數的繩文人入住關東。
彌生時代	群馬及崎玉地方勢力興起，在毛野國(群馬縣和栃木縣南部)出現巨大古蹟。
5世紀左右	武藏國被認為受到大和王權的統治。
10世紀	桓武平氏、秀鄉流藤原氏、清和源氏的武士勢力進出關東，漸漸脫離朝廷自立。
939年	平將門之亂發生。平將門襲擊上野國府並自稱新皇。於940年被討伐。
1028年	平忠常之亂，在房總三國引發的國人(地方武士)對朝廷的叛亂。源賴信平定此叛亂，向東國發展。之後，賴信之子義家討伐陸奧的安倍氏，向東國擴展勢力。
1159年	在京都平清盛與源義朝發生了武力衝突(平治之亂)。義朝戰敗受處刑，兒子賴朝被流放至伊豆。
1180年	賴朝舉兵、加上義經的活躍，消滅了平氏(1185年)。1192年，源賴朝在鎌倉成為征夷大將軍。
1333年	蒙古襲來，鎌倉幕府的力量急速衰退，新田義貞起兵，消滅鎌倉幕府。
1457年	江戶氏之後支配江戶的大田道灌開始修築江戶城。後於1486年被殺害。
1495年	伊勢宗瑞(北條早雲)奪取小田原城，被稱為是下剋上的先驅。江戶城也被早雲統治。
1590年	小田原城被豐臣秀吉攻陷，北條氏滅亡。之後德川家康入居江戶城。
1603年	家康成為征夷大將軍，創立江戶幕府。
1868年	戊辰戰爭爆發。江戶改稱東京。進入了明治時期。東京開市。
1869年	東京行幸(天皇陛下從京都移駐東京)。事實上的遷都。
1923年	關東大地震。死傷、行蹤不明人數約10萬5千人。日本史上最大震災。
1941年	珍珠港事件。第二次世界大戰開始。
1945年	東京大轟炸。死傷10萬人。戰敗。
1964年	東京奧運。日本達到經濟成長高峰。

●關東地區舊地名

北海道地區

東北地區

關東地區

中部地區

近畿地區

中國地區

四國地區

九州、沖繩地區

德川家康的一統天下，東京展開驚人發展

之後，一統天下的德川家康於江戶設立了幕府（1603年）。江戶朝著擁有世界最大人口的大都市發展，比起武家，町人文化也更為繁盛。

江戶幕府走向滅亡後，明治新政府將皇居遷都（1868年），江戶改名為東京，使得東京作為近代國家日本的真正首都，其機能達到更加蓬勃的發展。

關東大地震（1923年）雖然造成重大傷亡，但很快就重建。在第二次世界大戰時（1939～1945年），受到美軍無差別式攻擊，街道幾近全毀狀態。

但是由於戰後成功復甦，成為名副其實的首都東京，周邊的經濟圈不斷擴大，對於在人口減少威脅下的日本，是少有可持續發展的都市。

江戶城天守閣跡（皇居內）

北海道地方

東北地方

關東地方

中部地方

近畿地方

中国地方

四国地方

九州・沖繩地方

column

日本的世界遺產

初 期狂熱結束後，開始相對冷靜看待世界遺產。日本已有22處登錄為世界遺產。由於全世界共有1092件（文化遺產845件、自然遺產209件、複合遺產38件）世界遺產，漸漸地不像之前稀有。

在日本，世界遺產最初的記載於1993（平成5）年。當時登錄為世界遺產的有文化遺產「法隆寺地域的佛教建築物」、「姬路城」；自然遺產「屋久島」、「白神山地」。

世界遺產是根據聯合國教科文組織的世界遺產條約「保護世界文化和自然遺產公約」所制定。

2017年登記之「神宿之島」沖之島
（相片提供：AFRO）

2018登記之大浦天主堂（相片提供：AFRO）

目的是「保護並保存自然遺產、文化遺產等全人類世界遺產，使其免於遭受損傷破壞」，為此「建立國際合作及協助確立體制」。

儘管如此，聯合國教科文組織的補助金並沒有減少。在日本，多數是由地方政府規劃保護預算。世界遺產單純只是得到了世界的遺產認可而已。但是這樣的認可非常有效益——日本最早被登錄的「屋久島」在列為世界遺產前，雖然有屋久杉森林樂園，但是幾乎沒被開發。

登錄為世界遺產後，建了巨大旅館、鋪設了道路，對在地經濟發展有很大的貢獻。但在自然保護的層面上，對於「這樣是否是

正確方向」的問題呈現未知狀態。缺乏經驗的觀光登山客遇難以及垃圾爆增等，在環境省的報告上也被列為是問題點，更別説未來世界遺產狂熱退燒，周邊公共建設能否持續維持——應該解決的問題還有很多。(編輯部)

●日本現有的世界遺產

	登錄名稱	所在地	登錄年分	區分
1	法隆寺地域的佛教建築物	奈良縣	1993年	文化
2	姬路城	兵庫縣	1993年	文化
3	屋久島	鹿兒島縣	1993年	自然
4	白神山地	青森縣、秋田縣	1993年	自然
5	京都古都文化財(京都市、宇治市、大津市)	京都府、滋賀縣	1994年	文化
6	白川鄉·五箇山的合掌造聚落	岐阜縣、富山縣	1995年	文化
7	原爆圓頂館	廣島縣	1996年	文化
8	嚴島神社	廣島縣	1996年	文化
9	奈良古都文化財	奈良縣	1998年	文化
10	日光的神社與寺院	栃木縣	1999年	文化
11	琉球王國的城堡以及相關遺產群	沖繩縣	2000年	文化
12	紀伊山地的靈場和參拜道	三重縣、奈良縣、和歌山縣	2004年	文化
13	知床	北海道	2005年	自然
14	石見銀山遺跡及其文化景觀	島根縣	2007年	文化
15	小笠原群島	東京都	2011年	自然
16	平泉，象徵佛教淨土的建築、庭園及其考古遺址	岩手縣	2011年	文化
17	富士山，信仰的對象與藝術的源泉	山梨縣、靜岡縣	2013年	文化
18	富岡製絲廠和絲綢產業遺產群	群馬縣	2014年	文化
19	明治日本的產業革命遺產：煉鐵(鋼鐵)、造船、煤炭產業	福岡縣、佐賀縣、長崎縣、熊本縣、鹿兒島縣、山口縣、岩手縣、靜岡縣	2015年	文化
20	勒·柯比意的建築作品，對近代建築運動有顯著貢獻	東京都	2016年	文化
21	「神宿之島」宗像、沖之島和關連遺產群	福岡縣	2017年	文化
22	長崎與天草地區隱姓埋名的基督徒相關遺產	長崎縣、熊本縣	2018年	文化

中部地區
Chubu

北海道地區

東北地區

關東地區

中部地區

近畿地區

中國地區

四國地區

九州、沖繩地區

石川縣 (縣廳所在地：金澤市)

人　　口	1,154,008 人
面　　積	4,186.09 ㎢
戶　　數	453,368 戶
人口密度	275.7 / ㎢
高齡者人口	317,151 人
高齡人口比例	27.9%

富山縣 (縣廳所在地：富山市)

人　　口	1,066,328 人
面　　積	4,247.61 ㎢
戶　　數	391,171 戶
人口密度	251人 / ㎢
高齡者人口	322,899 人
高齡人口比例	30.5%

新潟縣 (縣廳所在地：新潟市)

人　　口	2,304,264 人
面　　積	12,584.10 ㎢
戶　　數	848,150 戶
人口密度	183.1人 / ㎢
高齡者人口	685,085 人
高齡人口比例	29.9%

福井縣 (縣廳所在地：福井市)

人　　口	786,740 人
面　　積	4,190.49 ㎢
戶　　數	279,687 戶
人口密度	187.7人 / ㎢
高齡者人口	222,408 人
高齡人口比例	28.6%

長野縣 (縣廳所在地：長野市)

人　　口	2,098,804 人
面　　積	13,561.56 ㎢
戶　　數	807,108 戶
人口密度	154.8人 / ㎢
高齡者人口	626,085 人
高齡人口比例	30.1%

山梨縣 (縣廳所在地：甲府市)

人　　口	834,930 人
面　　積	4,465.27 ㎢
戶　　數	330,976 戶
人口密度	187人 / ㎢
高齡者人口	235,544 人
高齡人口比例	28.4%

岐阜縣 (縣廳所在地：岐阜市)

人　　口	2,031,903 人
面　　積	10,621.29 ㎢
戶　　數	753,212 戶
人口密度	191.3人 / ㎢
高齡者人口	567,571 人
高齡人口比例	28.1%

愛知縣 (縣廳所在地：名古屋市)

人　　口	7,483,128 人
面　　積	5,172.48 ㎢
戶　　數	3,063,833 戶
人口密度	1,446.7人 / ㎢
高齡者人口	1,760,763 人
高齡人口比例	23.8%

靜岡縣 (縣廳所在地：靜岡市)

人　　口	3,700,305 人
面　　積	7,777.42 ㎢
戶　　數	1,429,600 戶
人口密度	475.8人 / ㎢
高齡者人口	1,021,283 人
高齡人口比例	27.8%

根據「平成27年國勢調查」

北陸＋中央高地＋東海＝中部地區？

概要

所謂的中部地區是指？

在八個地區中最不連貫的就是中部地區。

由位在廣大日本海沿岸的北陸、被山包圍的中央高地，以及太平洋側的東海地區三個地方組成。儘管是同一個縣，地方範圍所產生的差異是中部地區最頭痛的問題。從日本海側的北陸所顯示範圍的中部地區有兩種看法——指將福井、石川、富山三個縣視為中部地區，或者是加上新潟共四個縣組成中部地區。

太平洋沿岸的東海地區也是一樣，愛知、岐阜、三重視為東海三縣或是再加上靜岡成為東海四縣兩種看法，但主要還是專用於前者。加入屬於近畿地區的三重，排除位在東海道正中間的靜岡，納入不靠海的岐阜，充滿違和感的總結。這

個理由是因為無線電視的播出與經濟圈的關係。中京地區、中京圈所指的也是這東海三縣。

中央高地非山梨和長野莫屬。只是這是總結氣候來區分，這兩個縣大多被包含在甲信越或是上信越。甲信越是甲斐（甲州）的山梨、信濃（信州）的長野，以及越後的新潟。以上地區去除山梨加上關東的群馬縣（上野國、上州）則成為上信越。甚至也有北陸四縣再加上長野稱為北信越的情形。

前往東京交通非常方便的山梨縣，在《首都圈整備法》裡包含在首都圈裡。此外，往東京都心交通運輸也非常便利的靜岡，卻沒納入首都圈裡。都市與都市、地域與地域的連結，是依據專門動線的主要鐵道路線或高規格幹線道路等區分，中部地區也能說是將這樣的方式具體表現出來的地域性吧！

中部地區的各地區與新幹線

新潟市

北陸地區

北陸新幹線

金澤～敦賀預定
2023年開始營運

富山市

富山

金澤市

石川

上信越

群馬

上越新幹線

福井市

福井

甲信越

岐阜

長野市

長野

中央高地

岐阜市

山梨

品川

名古屋市

愛知

甲府市

靜岡

名古屋大都市圈

靜岡市

磁浮中央新幹線
施工計畫
（預計2027年開始營運）
山梨～品川
約25分鐘（預定）！

東海地區

東海道新幹線

新完工的新幹線
應該還會改變中部地區吧？

北海道地區
東北地區
關東地區
中部地區
近畿地區
中國地區
四國地區
九州、沖繩地區

每個地區都充滿特色的中部

有山、有海、有半島，各有特色的九個縣

面向太平洋的愛知縣與靜岡縣

跨過太平洋側的伊勢灣就是愛知縣。即便日本全國的製造業逐漸空洞化，但愛知縣仍然是充滿活力的縣。2005年舉辦「愛知世界博覽會」之後，名古屋美食、名古屋孃風格等，也成為全國矚目的對象。

包含名古屋市在內的舊尾張國與構成愛知縣的，是臨三河灣東南部舊三河國的三河地區。雖然中心都市是德川家康的出生地岡崎市，但鄰近靜岡縣境、也是汽車進口一大據點的豐橋市，以及以豐川稻荷出名的豐川市一同構成一大地區。

愛知縣的東邊鄰近靜岡縣。縣政府所在地的靜岡市是漫畫《櫻桃小丸子》，以及因說書人氣高漲的清水次郎長而出名的清水市，實行平成大合併的巨大城市。

然而位於愛知縣西側的濱松市則是將周邊自治體合併，濱松市圍繞著靜岡市。富有風光明媚景色的東海道新幹線車站很多，氣候溫暖，是很適合居住的縣市。

不靠海的內陸縣——岐阜縣、長野縣、山梨縣

內陸是指從西到東三個沒靠海的縣——岐阜縣、長野縣、山梨縣，也是磁浮中央新幹線通過的三個縣。山梨縣縣廳所在地是以武田信玄出名的甲府市，另外兩個縣的縣廳所在地則是與縣名一致的岐阜市和長野市。相較於岐阜縣與愛知縣之間高度的往來，長野縣則與北陸四縣、山梨縣、東京都間的交流十分頻繁。

此外，雖然山梨縣與鄰縣長野縣有交接點，但與連接富士山作為往來東京據點的靜岡縣也有高度連結。雖說現在搭乘特快車，只需不到一小時半的時間就能從

中部地區的舊國名

佐渡
新潟縣

越後

能登

石川縣

越中
（富山縣）

加賀

飛驒

信濃
（長野縣）

越前

岐阜縣

甲斐
（山梨縣）

福井縣

若狹

美濃

尾張

三河

駿河

伊豆

愛知縣

遠江

靜岡縣

北海道地區

東北地區

關東地區

中部地區

近畿地區

中國地區

四國地區

九州、沖繩地區

甲府到新宿，但磁浮中央新幹線開通後，到達品川只需25分鐘，距離東京又更近了。

面向日本海的福井縣、石川縣、富山縣、新潟縣

來看看日本海側的北陸！從西邊開始為福井縣、石川縣、富山縣、新潟縣。縣廳所在地名與縣名不同的，只有石川縣以加賀百萬石著名的中心地──古都金澤市而已。

金澤市在北陸新幹線開始營運後，觀光需求大幅增加。加賀與石川縣共同構成的能登地區也擁有梯田、早市，以及和倉溫泉等，是個充滿魅力的區域。

由西邊福井縣與東邊富山縣所包夾的是石川縣；舊越前國福井縣雖然沒有得到新幹線的好處，不過勝山的恐龍博物館及鯖江眼鏡等觀光及產業，吸引了許多目光。

富山縣是以儲蓄和擁有高房產率引以為傲，也以重視教育而聞名。背對著立山連峰、面臨日本海的路面電車街道的美景，值得一看。

北陸最北邊的新潟縣不僅有大雪和稻米，甚至稻米的長度也必須特別提出。身為中部地區的同時，也與東北地區、關東地區相連接。其北端比東北地區的福島縣還要北邊，真叫人吃驚！

北陸四縣不管在哪，都是大雪地帶。過去各縣是有以高升學率或是高就職率作為特色。新潟縣、富山縣的年輕人多以東京作為目標；石川縣的則可以發現多以加賀藩藩祖前田利家的出生地名古屋為目標；福井縣受到鄰縣京都的影響很深。

然而隨著北陸新幹線開通後，人與文化的交流產生了變化。除了福井縣，各縣前往東京發展的意願變高。北陸各縣擁有各式各樣的傳統產業、日本海的魚貝類，以及水質潔淨的海水浴場，是個充滿魅力的地區。

新潟縣荻之島稻草屋環狀村落的雪景（相片：AFRO）

現在的中部地區

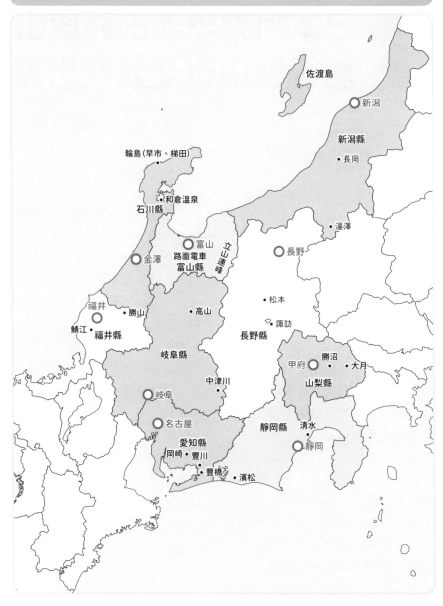

佐渡島

新潟

新潟縣

長岡

輪島(早市、梯田)

湯澤

和倉溫泉
石川縣

富山
路面電車
富山縣

立山連峰

長野

金澤

松本

諏訪

福井
勝山

高山

鯖江
福井縣

長野縣

岐阜縣

中津川

勝沼

甲府
大月

山梨縣

岐阜

名古屋

清水

靜岡縣

愛知縣
岡崎 豐川

靜岡

豐橋
濱松

北海道地區

東北地區

關東地區

中部地區

近畿地區

中國地區

四國地區

九州、沖繩地區

81

典型的三種氣候

日本阿爾卑斯山鈴鹿山脈等群山也受氣候影響

夏天溼熱、冬天寒冷；有點不易居住的名古屋

中部地區可以用典型的三種氣候型態區分——太平洋沿岸、內陸、日本海沿岸。

太平洋沿岸的東海地區，夏天受到東南季風影響，降雨量較多。相反地，冬天西北季風被日本阿爾卑斯山等群山遮蔽，晴天的日子較夏天多。

中部地區中心都市名古屋，受西邊鈴鹿山脈的焚風現象及熱島效應的影響，夏天多潮溼悶熱；冬天則受黑潮影響，本來應該是溫暖的，但還是因西邊伊吹山有伊吹落山風之稱的季節風，將冷風吹向濃尾平原造成寒冷，變成令人不易居住的氣候。

至於名古屋市郊外的岐阜縣多治見市，是最高氣溫紀錄的常客，但造成高溫的原因是受到盆地地形的影響。雖說濃尾平原也很寬廣，卻沒有像關東平原那樣寬闊，因此熱氣變得不易散去。

內陸的雪沒有想像中多

因內陸的中央高地被山脈環繞，年降雨量偏少，加上冬夏溫度驟變且高海拔的影響，冬天仍顯得有點寒冷。

不過因降雨量少，積雪量並沒有想像多。由於冬天路面仍會結冰，因此有不少車輛都裝上冬季用輪胎。

由於日本海側的北陸地區冬天降雨量多，下雪的日子也變多。不過因對馬暖流的影響，冬天才沒有變得極度寒冷。

北海道地區

東北地區

關東地區

中部地區

近畿地區

中國地區

四國地區

九州、沖繩地區

中部地區每月最高氣溫與降雨量

●最高氣溫 (℃)

新潟縣(新潟市)、長野縣(長野市)、石川縣(金澤市)、福井縣(福井市)、岐阜縣(岐阜市)、愛知縣(名古屋市)、山梨縣(甲府市)、富山縣(富山市)、靜岡縣(靜岡)、多治見市(岐阜縣)

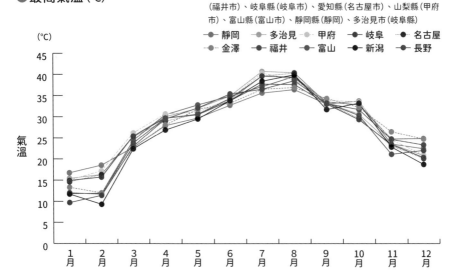

●最大降雨量 (24小時，mm)

新潟縣(新潟市)、長野縣(長野市)、石川縣(金澤市)、福井縣(福井市)、岐阜縣(岐阜市)、愛知縣(名古屋市)、山梨縣(甲府市)、富山縣(富山市)、靜岡縣(靜岡)、多治見市(岐阜縣)

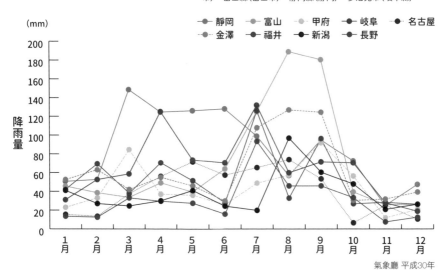

氣象廳 平成30年

木曾川、佐渡島、能登半島等等

日本阿爾卑斯山到輪中地帶各式各樣的地形

日本第一的河川——信濃川

中部地區正中央有三座山脈南北連貫形成「川」字型的，就是日本阿爾卑斯山，從北開始分別為飛驒山脈、木曾山脈、赤石山脈，聳立著3,000公尺高等級的群山，被稱作「日本的屋脊」。

奧秩父水源穿過長野縣到新潟縣注入日本海的，就是引以為傲、日本第一長的信濃川。有趣的是，這條河流經信濃國（長野縣）被稱作千曲川。

從南阿爾卑斯山的鋸岳、於富士市流入駿河灣的，是日本屈指可數、三大急流之一的富士川。雖然很多人都唸成「FUJIGAWA」，但正確讀法是「FUJIKAWA」。當地人是用平平的語調稱之。在源平合戰（治承壽永之亂）中的富士川戰役即是在此爆發。

大井川發源於南阿爾卑斯山，流經因鮪魚和黑半片（黑鱧餅）而出名的燒津市，最後注入駿河灣。在江戶時代是東海道的險地，因戰略因素而沒架橋的大井川是「箱根八里連馬都能跨越，但越過之後卻越不過大井川」，一條讓旅人十分頭痛的河川。

天龍川以長野縣的諏訪湖為源頭，注入於濱松與磐田間的遠州灘。雖然天龍川以時常氾濫出名，但上游泛舟活動很受歡迎。

輪中地帶（高須輪中），為愛知、三重、岐阜縣境。（相片：AFRO）

中部地區的地形

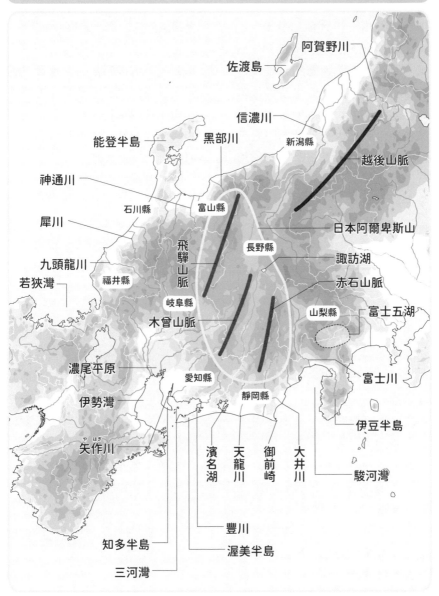

阿賀野川

佐渡島

信濃川

新潟縣

越後山脈

能登半島

黑部川

神通川

石川縣

富山縣

犀川

日本阿爾卑斯山

九頭龍川

飛驒山脈

長野縣

諏訪湖

若狹灣

福井縣

岐阜縣

赤石山脈

木曾山脈

山梨縣

富士五湖

濃尾平原

愛知縣

富士川

伊勢灣

靜岡縣

伊豆半島

矢作川

濱名湖

天龍川

御前崎

大井川

駿河灣

知多半島

豐川

三河灣

渥美半島

北海道地區

東北地區

關東地區

中部地區

近畿地區

中國地區

四國地區

九州、沖繩地區

若說到河川就必須提及岐阜縣的「輪中地帶」。木曾川、長良川、揖斐川三條大河總稱為「木曾三川」，在注入伊勢灣前會先匯集，周圍用堤防包圍的就是輪中地帶。此處水位有時會超過住家高度，因此被稱為零海拔地帶。不過，目前日本地區性暴雨或是颱風造成河川頻繁氾濫，對這種狀況也見怪不怪。異常氣象真的令人害怕。

與海連接的濱名湖

在太平洋岸伊豆半島西邊有駿河灣，颱風現場轉播的知名地、核能發電廠的御前崎。從這裡連接的海岸線較為平坦，其中的濱名湖以養殖鰻魚出名，名氣超越愛知縣。

位在愛知縣南邊、包圍三河灣的兩個突出半島，就是以溫室哈密瓜出名的渥美半島以及擁有中部國際機場的知多半島。如上述，其海岸線往伊勢灣延伸。

接著往島上移動，日本海沿岸新潟外海有佐渡島，在江戶時代是國內最大的金礦山；另外一側

太平洋岸則是伊豆諸島等群島。雖然也有遠到南邊的小笠諸島，但歸屬於東京都，是關東地區。

此外，也有很多半島。位在日本海側、占據石川縣北半部的是舊能登國的能登半島；位在太平洋側、有個像往下箭頭方向形狀的是伊豆半島，主要是迎接從首都圈前來的觀光客。

日本海側的福井縣沿岸是若狹灣，地形參差不齊，海浪激烈，是典型的沉降式海岸。也有很多海水浴場，夏天因眾多玩水的泳客而繁榮熱鬧；另外，也與有很多核能發電廠的福島縣並列，成為核能地帶。

再來談談湖吧！山梨縣的富士五湖是現在外國觀光客最多的地方；長野縣則有諏訪湖。在諏訪大社附近舉辦的祭神儀式中，由自然現象產生的御神渡現象相當浪漫。

太平洋岸有臨海相連的濱名湖，周邊以度假勝地而興盛。

出現在排行榜的各個河川與島嶼等

● 河川 (長度)

排名	河川名稱	都道府縣流域	長度 (km)
1	信濃川	新潟縣、長野縣、群馬縣	367
2	利根川	長野縣、茨城縣、栃木縣、群馬縣、埼玉縣、千葉縣、東京都	322
3	石狩川	北海道	268
4	天鹽川	北海道	256
5	北上川	岩手縣、宮城縣	249
6	阿武隈川	福島縣、宮城縣、山形縣	239
7	最上川	山形縣、宮城縣	229
8	木曾川	長野縣、岐阜縣、愛知縣、三重縣、滋賀縣	229
9	天龍川	長野縣、愛知縣、靜岡縣	213
10	阿賀野川	新潟縣、福島縣、群馬縣	210

※ 資料來源：根據總務省統計局「日本的統計」、「第1章國土‧氣象」
（平成29年4月30日為止）

● 島嶼 (大小)

排名	河川名稱	都道府縣流域	長度 (km)
1	擇捉島	北海道，指北方領土	3167
2	國後島	北海道，指北方領土	1489
3	沖繩島	沖繩縣	1207
4	佐渡島	新潟縣	855
5	奄美大島	鹿兒島縣	712

※ 本州、北海道、四國、九州不列入排行榜
※ 資料來源：根據國土地理院全國都道府縣市町村別面積調查「島面積20傑」（平成29年10月1日為止）

● 湖泊 (面積)

排名	河川名稱	都道府縣流域	長度 (km)
1	琵琶湖	滋賀縣	669
2	霞之浦	茨城縣	168
3	佐呂間湖	北海道	152
10	濱名湖	靜岡縣	65
24	諏訪湖	長野縣	13
30以下	山中湖	山梨縣	6.6
30以下	河口湖	山梨縣	5.5
30以下	本栖湖	山梨縣	4.7
30以下	西湖	山梨縣	2.1
30以下	精進湖	山梨縣	0.5

※ 資料來源：根據國土地理院全國都道府縣市町村別面積調查「湖沼面積」（平成29年10月1日為止）※ 只有精進湖
的資料來自山梨縣對外公開資料 ※ 十位數以上為四捨五入小數點取整數；個位數以下則四捨五入小數點取第一位

北海道地區

東北地區

關東地區

中部地區

近畿地區

中國地區

四國地區

九州、沖繩地區

工業

中京工業區、東海區以及北陸工業區

日本第一的工業區——日本製產品近30%由這些地區製造

TOYOTA、YAMAHA、HONDA、SUZUKI等

對產業空洞化長久感受深切的今日，在日本卻有個製造業很強的地方，那就是東海地區。生產額為日本第一的中京工業區，不用說就知道其主力製品是機械。具代表性產業是豐田汽車（TOYOTA），然後是汽車零件。

近年來，由於提倡將燃油汽車或柴油汽車轉換成電動汽車或是氫動力汽車，傳聞會因此失去優勢，但豐田的強項不是只有引擎。車體部分是豐田的車體、電裝（DENSO）的電子裝置、擁有各式各樣汽車零件的愛信精機（AISIN）等，與汽車相關的各個產品，都有集團企業的存在。只要有豐田汽車存在的一天，中京工業區就不會動搖。

此外，過去中京工業區的主力纖維產業和陶瓷器產業，依舊和以前一樣不可行。只是從之前的重「量」轉換成重「質」而成功地倖存下來。

靜岡縣的西側——濱松市、磐田市一帶為東海工業區。說到樂器，就會想到山葉音樂（YAMAHA）、河合鋼琴（KAWAI）；兩輪的車子果然還是山葉、本田（HONDA）和鈴木（SUZUKI），這些是與產業空洞化無緣的地方。

位在日本海側的北陸工業區也不遜色。擁有豐富的融雪水和電力，又是在冬天積雪農業無法發展的環境。在這樣的環境條件背景下發展出來的地方產業，有福井縣鯖江市的鏡架，富山縣黑部市的鋁原料，新潟縣的燕市、三條市的西洋餐具等，涉及多方面。

單純算一下中京工業區、東海工業區、北陸工業區的市場占有率，就會發現日本的工業生產額不到三成。所以，中部地區可說是日本製造業的最後堡壘吧！

中部地區的工業

北陸工業區

輪島市
輪島塗

燕市
西洋餐具

三條市
刀具

金澤市
加賀友禪、九谷窯燒

鯖江市
鏡架

瀨戶市
陶瓷器

中京工業區

豐田市　汽車工業

汽車零件　刈谷市

安城市
汽車零件

富士市
製紙、紙漿

製鐵　東海市

東海工業區

汽車工業　岡崎市

濱松市　樂器、機車

太平洋一帶

中部地區製造品出貨量與主要產業前三名

都道府縣	金額(億圓)	第1名		第2名		第3名	
		產業	組成比	產業	組成比	產業	組成比
全國	2,999,173	運輸用機械		食品	9.4	化學	9
新潟	46,709	食品		化學	12.3	金屬製品	10.6
富山	36,457	化學	19.9	生產用機械	11.9	金屬製品	11
石川	28,305	生產用機械	22.8	電子零件	13.2	纖維	6.9
福井	20,363	電子零件	14.9	化學	12.5	纖維	12
山梨	22,428	生產用機械	27.7	電子零件	9.1	食品	8.9
長野	57,678	信息通訊	17.5	電子零件	12.7	生產用機械	11
岐阜	53,434	運輸用機械	18.5	生產用機械	9.2	塑膠製品	8.5
靜岡	159,669	運輸用機械	25	電機	12.9	化學	10.8
愛知	446,416	運輸用機械	56.4	鋼鐵	4.7	電機	4.7

資料來源：經濟產業省 平成28年（速報值）

北海道地區

東北地區

關東地區

中部地區

近畿地區

中國地區

四國地區

九州、沖繩地區

農業①

葡萄、水蜜桃以及高原蔬菜

果樹栽培繁盛的山梨與長野

背負著外國移工問題

山梨縣是甲府盆地。在離都心相當近的這塊地相當盛行果樹栽培，其中特別有名的是葡萄和水蜜桃，其產值幾乎位居日本第一。降雨量少和日夜溫差劇烈變化的盆地氣候，促使其生長優良；與扇形地多且排水良好也有很大關係。這也是為什麼釀酒廠多的原因，葡萄主要產地甲州市勝沼，更直接將當地車站命名為「勝沼葡萄鄉站」。

與山梨縣接壤的甲信長野縣長野盆地，亦為水果的生產地。蘋果、葡萄、水蜜桃等的產值時常都是各都道府縣排行前幾名。雖然是玩笑話，但從長野電車窗口看出去的蘋果田美景，叫人感動到落淚。

長野因氣候寒冷，高冷地農業相當興盛。在八岳山麓原野山高原等地栽種萵苣等的高原蔬菜。這種利用抑制栽培技術、延遲上市時間以取得更高價位的方式，指日可待。

近年來，當地有許多外國人利用技能實習制度的實習生身分在此工作，因此有一段時間，當地住民有將近兩成是來自中國的外籍移工。

問題出在他們的待遇。雖然許多農家的平均所得大幅上升，但工作過度嚴苛、以各種名目事先扣除所得，還有與契約內容不符等勞動者的意見被報導出來，甚至在網路上也出現黑心農家的字眼。

在無法停止全球化發展的現在，像這樣的事情在其他地方也時有耳聞吧！

山梨縣主要的葡萄品種

全國第一 山梨

面　　積	3,820ha
收 成 量	43,200t
出 貨 量	40,400t

德拉瓦葡萄
以日本產量第一自豪，無籽，方便食用。

國王德拉葡萄
無籽、大顆，外觀和德拉瓦葡萄很像。

全國第二 長野

栽培面積	2,310ha
收 成 量	25,900t
出 貨 量	24,200t

農林水產省 平成29年

巨峰葡萄
在黑色大粒種中，栽種面積最大的就是巨峰葡萄。

貓眼葡萄
比巨峰葡萄還要再大一圈，口感嚼勁十足。

晴王麝香葡萄
近年來大受歡迎、連皮都能吃的麝香葡萄。

白葡萄
山梨縣育種家所育成的品種。果實大串且結實。

甲斐路葡萄
以「紅麝香葡萄」的別名為人所知。甜度高、口感清爽的好味道。

甲州葡萄
擁有1300年歷史、日本最古老的栽培品種。最適合做葡萄酒。

葡萄酒產量也是國內第一名的釀酒縣！約占全國市場的50%！

長野縣的果樹栽培

葡萄
主要品種
・長野珍珠
・晴王麝香葡萄

蘋果
長野縣主要品種
・秋映
・信濃金
・紅顏姬

李子(中國原種)
主要品種
・ARRIBA
・SANTASU

出貨量 全國第二

水蜜桃
主要品種
・玉木
・川中島白桃
・丸田白桃

李子(歐美種)
主要品種
・SORUDUM
・太陽

杏果
主要品種
・平和
・信川大實

藍莓 栗子

櫻桃 梅子 草莓

梨
主要品種
・二十世紀梨

北海道地區

東北地區

關東地區

中部地區

近畿地區

中國地區

四國地區

九州、沖繩地區

牧之原台地的靜岡茶；越後平原的越光米

日本第一的靜岡茶，栽種面積卻在減少

採收後經過加工才利用的作物稱作「工藝作物」。在這些工藝作物中，茶對許多日本人來說不可或缺！以牧之原台地為中心的靜岡縣，是茶的一大產地。多年來，靜岡縣持續保有日本國內約四成的市占率。

直到數年前為止，從東海道新幹線車窗望去，還能到處看見廣大的茶園。雖然現在還是看得到茶園，但近年感覺斜坡上的茶園正被太陽能板取代。可以說這不是一個用一般辦法就能解決的問題吧！

太平洋側的愛知縣渥美半島與靜岡縣一樣。二戰結束後受惠於豐川水灌溉，使這塊地因栽培電照菊花和溫室哈密瓜變得滋潤。本來在秋天開花的菊花，為了能在一月及春分時出貨，採用燈泡照射的方式，使菊花延緩生長速度的人工栽培方式就是電照菊花。換言之，就是抑制栽培。縮短日照時間，花芽就會附著，是一種利用菊花長花苞習性的栽培方式。

繼續往日本海側移動。中部地區靠近日本海的是北陸地區。受冬天積雪嚴重的關係，多為稻米單作地帶。其中具代表性的產地為新潟縣的越後平原。新潟縣近年來穩坐各都道府縣稻米產量排行榜冠軍的寶座，超越新潟縣產量的北海道真的不是省油的燈。

品牌商標當然是以越光米為主。原是溼地的越後平原，由於大河津分水道的完成和地下渠道排水系統，水田變成旱田，生產量終於急速提高。可說是有農業的地方，就有前人的努力。

市占率全國第一的靜岡茶

●生葉採收量

宮崎 18,000
京都 14,200
三重 29,000
鹿兒島 128,500

全國 369,800 (單位：t)

靜岡 140,700

●靜岡茶葉栽培面積

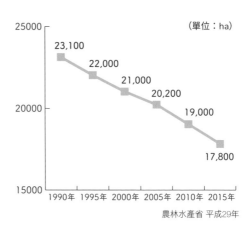

(單位：ha)

年份	面積
1990年	23,100
1995年	22,000
2000年	21,000
2005年	20,200
2010年	19,000
2015年	17,800

農林水產省 平成29年

由四個產地結合的新潟米

主要的品牌稻米
越光
新之助
越伊吹

佐渡產
利用佐渡島特有的氣候孕育而成的稻米，因富含礦物質，口感有嚼勁。號稱是新潟縣內越光米產量第二名。

新潟產
利用信濃川、阿賀野川等的河川，在滋潤的越後平原自然培育而成的稻米，美好滋味全都濃縮在稻米裡。

岩船產
來自三面川、荒川的優良水質所種植出的稻米，黏性少、紮實有嚼勁的口感，相當受歡迎。

魚沼產
位於大雪地的魚沼，利用山上積雪所融的雪水產生許多稻田。克服酷寒的大地，種植出好吃的稻米。

資料參考：JA新潟全國農業協同組合聯合會

北海道地區
東北地區
關東地區
中部地區
近畿地區
中國地區
四國地區
九州、沖繩地區

寒鰤、越前蟹、鮪魚或鰻魚

靠海的縣有海產，沒靠海的縣也有鯉魚或香魚

信州的鮭魚、彌富的金魚

各種海鮮都能捕捉到的北陸，其中主要以富山縣冰見市新鮮的寒鰤、福井的越前蟹等吸引許多觀光客。

好像與漁業八竿子打不著、位於山谷間的長野縣佐久，則有鯉魚。平成16年時，養殖水產廳剛承認不久的新品種鱒魚類信州鮭魚盛行。佐久鯉魚雖然可以食用，但有趣的是，近年在稻田裡養鯉魚的稻田養鯉正悄悄地復活，成了一種潮流。在有灑農藥的稻田裡，鯉魚是很難生存的。這種潮流的興起，是因為無農藥栽培正受矚目的緣故。

果然位於山谷間的岐阜清流長良川，能夠以香魚聞名。下游的祭神儀式——以擁有1300年歷史為傲的鵜鶘捕魚，也是受到觀光矚目的重點。鵜鶘捕魚的儀式在愛知縣木曾川也有舉行，已成為東海地區夏天的象徵。

位在太平洋沿岸的靜岡縣燒津有為人熟知的鮪魚，且被指定為第三類特種漁港。過去的漁獲量曾是日本第一。除了鮪魚，也經常捕獲到鰹魚。

靜岡縣和愛知縣縣境附近的濱名湖，因湖水裡含有海水，以養殖鰻魚出名。以生產量來說，也追隨鹿兒島縣和愛知縣的腳步，知名度已經超越這兩個縣市。近年來，因魚苗減少造成了很大的問題。

說到鰻魚，內陸長野縣的諏訪湖直到昭和30年為止，因能捕獲到很多天然鰻魚，附近的小鎮開了許多鰻魚店。

回到太平洋岸，最近雖有減少的傾向，但在愛知縣彌富市的周邊，金魚養殖也相當知名。

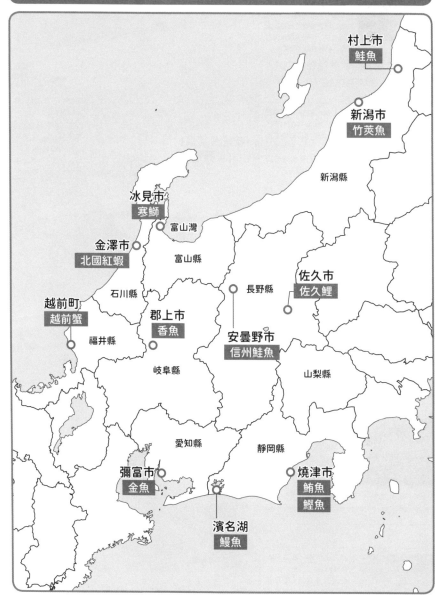

各縣主要的漁獲品種

村上市
鮭魚

新潟市
竹莢魚

新潟縣

冰見市
寒鰤

富山灣

富山縣

金澤市
北國紅蝦

長野縣

佐久市
佐久鯉

石川縣

越前町
越前蟹

郡上市
香魚

安曇野市
信州鮭魚

福井縣

岐阜縣

山梨縣

愛知縣

靜岡縣

彌富市
金魚

燒津市
鮪魚
鰹魚

濱名湖
鰻魚

北海道地區

東北地區

關東地區

中部地區

近畿地區

中國地區

四國地區

九州、沖繩地區

① 飛驒高山 @岐阜縣

相片：Shutterstock

過去是江戶時代的大城，在街道上悠閒散步，可以一窺古老且美好的文化。飛驒牛等美食也令人無法忘懷。日本阿爾卑斯山的景觀並排著滿滿群山，欣賞這絕世美景的同時，泡著溫泉，不管是身體或心靈，都能重新恢復精神。

② 黑部水庫 @富山縣

相片提供：株式會社關電AMENIX黑四觀光事業部

日本最大等級的水力發電水庫。每年的6月26日起到10月15日期間會進行洩洪。迫力十足的放水量，每秒可達10立方公尺，真是令人震驚。

③ 善光寺 @長野縣

相片提供：善光寺

以一光三尊的阿彌陀佛作為主神的古寺。作為引導眾生前往極樂淨土的寺廟而聚集信仰。寺內有許多視為國寶的本堂等的文化財，本堂下方有條無比黑暗的「戒壇巡迴」環繞走廊，務必體驗看看。

④ 信濃川 @新潟縣

相片提供：國土交通省 北陸地方整備局 信濃川下游河川事務所

日本第一長河川，從長野開始河域遍及新潟的一級河川。可以眺望著與縣民生活息息相關、流動在新潟市區域的河川，亦可搭乘水上巴士遊河。

⑤ 河口湖 @山梨縣

相片：Shutterstock

結合山中湖、西湖、本栖湖、精進湖，再加上河口湖變成「富士五湖」，是僅次於山中湖的第二大湖泊，可將富士山的美景盡收眼底。從都心出發約二小時的車程就能享受自然。

日本海

相倉合掌造村落
(世界遺產) ⑧

立山黑部阿爾卑
斯山脈路線

祿剛崎

輪島　珠洲
能登半島
国定公園　奧能登丘陵
能登半島

七尾北湾
七尾　七尾南湾
宝達丘陵

石川県

內灘砂丘
金沢平野　富山湾
犀川　富山平野　魚津
富山県　立山
金沢　富山　砺波平野
白山国立公園　中部山岳
手取川　　　　　　国定公園

小松　石川　飛驒 ①

越前加賀海岸国定公園 ⑨　九頭竜川
福井　白山
越前岬　飛驒高地　高山
敦賀湾　福井県　岐阜県
敦賀半島　両白山地　郡上　下呂　博物館
若狭湾　敦賀　能郷白山　　　　明治村
　　　　　九頭竜川　長良川

小浜　揖斐関ヶ原養老　美濃三河　恵那
　　　国定公園　国定公園　多治見 豐田産業
琵琶湖　伊吹山　大垣　　　　　　紀念
長浜　　　　濃尾平野　一宮
丹波高地　彦根　　　　　宮　　多治見
京都府　近江盆地　　　名古屋　　愛知県
　　　　滋賀県　鈴鹿　桑名　豐田 ⑦
京都　大津　東近江　山脈　四日市　岡崎　愛知高原
　　　　御在所山　鈴鹿峠　中京工業　国定公園
豐中　　　鈴鹿山　鈴鹿　地帶　知多　豐田
大阪　　宇治　亀山　　　　　半島　豐橋
大阪府　伊賀　津　　　　矢作川　三河湾
大阪平野　奈良　　　伊勢平野　伊勢湾　渥美
堺　　　奈良県　松阪　宮川　　　半島
金剛山　　　三重県　伊勢　伊良湖岬　遠
　　　橿原　五條　　　　伊勢湾
　　　本　大台ヶ原山
紀伊山地
　　　紀伊半島
　　　　　　　　尾鷲
和歌山県　熊野川　　熊野灘
　　　　　新宮

湖岬

中部地區的觀光

這些地區的名城也很多——長野縣的松本城、愛知縣的犬山城，福井縣也有丸岡城，這些城都指定為重要文化財；在岐阜縣也有封為日本三大山城之一的岩村城。還有日本三大名園之一的石川縣兼六園。金澤也因北陸新幹線開通，從首都圈造訪的觀光客暴增。加上上高地、乘鞍等的山岳絕景豐富，每年夏天成為相當受歡迎的避暑勝地。（編輯部）

⑥ 富士山 @靜岡縣與山梨縣　世界遺產

富士山也可說是日本的象徵。登山期是從7月開始到8月底，這段期間會有來自全國各地的登山客造訪。在2011年富士箱根伊豆國立公園已指定為古蹟。

相片提供：靜岡縣觀光協會

⑦ 名古屋車站 @愛知縣

名古屋玄關口的名古屋車站，在建築朝超高層化的影響下產生極大變化。2016年3月新建的「大名古屋大廈」，同年6月「KITTE 名古屋」緊接著開業，身為名古屋的地標聚集眾多人群。

相片：Shutterstock

⑧ 兼六園 @石川縣

日本三大名園之一。江戶時代期間，根據歷代加賀藩主經年累月打造的大名庭園。隨著四季變化的雅緻庭園，在此度過悠閒的下午時光，也是不錯的選擇。

相片提供：兼六園

⑨ 永平寺 @福井縣

永平寺是曹洞宗最高地位的寺院。寬元2年（1244年）曾舉辦坐禪修行場。在寺院內，被擁有約780年傳統且莊嚴的氣氛包圍，直到現在仍有人在此進行禪修。

相片提供：永平寺／（社）福井縣觀光聯盟

地圖標示：

佐渡金山
外海府海岸
佐渡弥彦米山國定公園
彌崎
大佐渡山地
內海府海岸
佐渡島
小佐渡山地
佐渡
兩津灣
佐渡海峽

④ 長岡祭典 大煙火大會

村上
朝日山地
朝日岳
阿賀野川
櫛形山脈
新潟
新發田
飯豐山
飯豐山地
越後平野
福島縣
三條
長岡
越後山脈
柏崎
新潟縣
上信越高原國立公園
上越
高田平野
駒ヶ岳
妙高山
天水川
帝釋山
燧ヶ岳
至仏山
日光
宇都宮
鹿沼
栃木縣
苗場山
谷川岳
白根山
男体山
皇海山
赤城山

③ 長野 長野盆地
四阿山
白根山
群馬縣
前橋
榛名山
伊勢崎
桐生
足利
高崎
太田
館林
栃木
小山
大町
上田
淺間山
利根川
松本
美ヶ原
佐久
關東平野
長野縣
岡谷
霧ヶ峰
諏訪湖
辺利高原
八ヶ岳
兩神山
秩父
埼玉縣
古河

御柱祭

尻
南阿爾卑斯國立公園
伊那
關東山地
雲取山
秩父山地
川越
さいたま
伊那盆地
甲武信岳
山梨縣
甲府
關東山地
八王子
東京都
東京
川崎
多摩川
北岳
甲府盆地
大月
相模湖
丹澤山
丹澤山地
東京灣
南爾赤石山脈
精進湖
西湖
本栖湖
身延山地
富士吉田
河口湖
山中湖
神奈川縣
橫濱
橫須賀
赤石岳

⑤
富士宮
富士
沼津
靜岡縣
⑥
三島
小田原
相模川
鎌倉
相模灣
熱海

靜岡
駿河灣
天城山
相模灘

藤枝
燒津
伊豆半島
富士箱根伊豆國立公園

掛川
大井川
御前崎
下田
石廊崎

大島（伊豆大島）

伊豆諸島

東京都
三宅島

太平洋

中部地區的交通

中部地區是連接關東與近畿交通的要衝，以鐵路、新幹線和高速公路為主要的交通方式，像是東海道新幹線、東海道本線、中央本縣、中央汽車道等。也有兩條路線是沿著東名高速公路。

不只有中部國際機場，還有可搭乘廉價航空、飛往中國與韓國國際線的靜岡機場，對外國人訪日旅行很有貢獻。（編輯部）

米坂線
日新線
羽越本線
新発田
磐越西線
磐越自動車道
新幹線
線
福島県
栃木県
日光
宇都宮
鹿沼
桐生
栃木
足利
伊勢崎
小山
太田
館林
熊谷
古河
埼玉県
川越
さいたま
東京都
八王子
東京
相模原
川崎
神奈川県
横浜
横須賀
鎌倉
小田原
御殿場線
伊東線
伊豆急行線
村上

圖例	
———	新幹線
·····─·	JR線
———	私鐵線
———	高速公路
———	汽車專用道
———	其他道路

信長、秀吉、家康等

孕育出三英傑的東海地區

決定天下的關原之戰，緊接壬申之亂

中部地區因位於日本地理的中心，很容易成為東西交戰的決戰場。慶長5年（1600），在岐阜縣和滋賀縣縣境發生了著名的關原之戰，又被稱為「決定天下的戰爭」。672年，圍繞著天智天皇皇位繼承權的問題，天智天皇的弟弟大海人皇子（之後的天武天皇）與其兒子大友皇子（後追諡弘文天皇）爭奪皇位所發生的壬申之亂，關原附近也是當時的主要戰場。

戰國時代有許多魅力十足且各有特色的戰國大名，皆將這塊土地當作爭奪霸權的舞台。

越後的上杉謙信與甲斐的武田信玄數度交戰的川中島，也在長野縣。在太平洋岸有駿河的今川義元、三河的德川家康、尾張的織田信長，還有其後繼者豐臣秀吉。加上有加賀百萬石基礎的前田利家、在熊本城築城的加藤清正、土佐藩始祖山內一豐等，若追本溯源，結果都會回歸到東海地區，在日本是多得數不清。話雖如此，最後他們全都離開此地，後來東海地區便常在歷史上扮演配角。

二戰後，作為製造業一大據點——繁榮的名古屋，在1970年後半爭取奧運主辦權。但這場競爭竟然敗給當時尚未加入聯合國的韓國。名古屋的街道滿是失望的聲音，韓國則是以此契機飛躍發展。

歷經近半個世紀後的2005年，名古屋終於挽回名譽。這一年，以國際博覽會事務局所認可的國際博覽會資格，於名古屋市郊外的愛知縣長久手町（現長久手市）及瀨戶市作為會場，舉辦了「愛·地球博」博覽會，東海地區的人們終於能一吐怨氣。

關原之戰決戰地

笹尾山 ▲ 石田三成

天滿山 ▲ 黑田長政

細川忠興

北國街道 松平忠吉

小西行長 井伊直政 山內一豐

宇喜多秀家 有馬則賴

福島正則 德川家康

大谷吉繼

小早川秀秋

松尾山 ▲

中山道

池田輝政

吉川廣家

安國寺惠瓊

桃配山 ▲

毛利秀元

南宮山 ▲

長宗我部盛親

■ 西（石田）軍
■ 東（德川）軍

歷史的戰爭之地

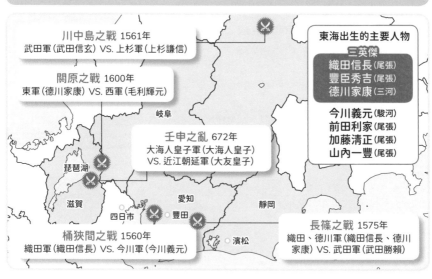

川中島之戰 1561年
武田軍（武田信玄）VS. 上杉軍（上杉謙信）

關原之戰 1600年
東軍（德川家康）VS. 西軍（毛利輝元）

岐阜

壬申之亂 672年
大海人皇子軍（大海人皇子）
VS. 近江朝延軍（大友皇子）

琵琶湖

滋賀

四日市

愛知

豐田

靜岡

桶狹間之戰 1560年
織田軍（織田信長）VS. 今川軍（今川義元）

濱松

長篠之戰 1575年
織田、德川軍（織田信長、德川
家康）VS. 武田軍（武田勝賴）

東海出生的主要人物

三英傑
織田信長（尾張）
豐臣秀吉（尾張）
德川家康（三河）

今川義元（駿河）
前田利家（尾張）
加藤清正（尾張）
山內一豐（尾張）

北海道地區

東北地區

關東地區

中部地區

近畿地區

中國地區

四國地區

九州、沖繩地區

被政治操弄的世界遺產

截至2019年1月，日本有八件世界遺產在候補（暫定一覽表上填寫的物件），其中七件文化遺產、一件自然遺產。

其中受到矚目的是新潟縣「以金礦作為中心的佐渡金礦山遺跡群」以及東北地區的「以北海道、北東北為中心的繩文遺跡群」。

不過，兩者都有政治上的考量。雖然被暫定在世界遺產裡，卻一再被拖延。「佐渡金礦山」是「軍艦島」的前例，與軍艦島一樣——從朝鮮半島徵收勞工在佐渡金礦山工作。因此如同「軍艦島」的狀況，受到來自韓國抗議聲的顧慮，故官方不太想接受申請。

順帶一提，成為世界遺產前要先暫時登錄在「世界遺產一覽表」，從一覽表裡推薦準備完善的物件後正式登記。但世界遺產數量變得龐大，聯合國教科文組織規定每年各國能夠登記的只有一個。

因此，預定2019年推薦的「繩文遺跡群」遭到延後，又重新推薦2018年推薦被退回的「奄美大島、德之島、沖繩島北部及其西表島」。因邊野古（美軍基地搬遷）問題而搖擺不定的沖繩，也可說是顧慮到政治因素之故。（編輯部）

●日本世界遺產暫定一覽表登記物件

物件	所屬都道府縣	暫定年
古都鎌倉的寺廟、神社和其他	神奈川縣	1992年
彥根城	滋賀縣	1992年
飛鳥藤原的宮都及其相關資產群	奈良縣	2007年
以北海道、北東北為中心的繩文遺跡群	北海道、青森縣、岩手縣、秋田縣	2009年
以金礦為中心的佐渡礦山遺跡群	新潟縣	2010年
百舌鳥和古市古墳群（2018年推薦）	大阪府	2010年
平泉表現佛國土（淨土）的建築、庭園及其考古學的遺跡群（擴張）	岩手縣	2012年
奄美大島、德之島、沖繩島北部及其西表島	鹿兒島縣、沖繩縣	2016年

近畿地區
Kinki

北海道地區

東北地區

關東地區

中部地區

近畿地區

中國地區

四國地區

九州‧沖繩地區

兵庫縣 (縣廳所在地：神戶市)

人　　口	5,534,800 人
面　　積	8,400.96 ㎢
戶　　數	2,315,200 戶
人口密度	658.8 人 / ㎢
高齡者人口	1,481,646 人
高齡人口比例	27.1%

京都府 (府廳所在地：京都市)

人　　口	2,610,353 人
面　　積	4,612.19 ㎢
戶　　數	1,152,902 戶
人口密度	566 人 / ㎢
高齡者人口	703,419 人
高齡人口比例	27.5%

滋賀縣 (縣廳所在地：大津市)

人　　口	1,412,916 人
面　　積	4,017.38 ㎢
戶　　數	537,550 戶
人口密度	351.7 人 / ㎢
高齡者人口	377,877 人
高齡人口比例	24.2%

大阪府 (府廳所在地：大阪市)

人　　口	8,839,469 人
面　　積	1,905.14 ㎢
戶　　數	3,923,887 戶
人口密度	4,639.8 人 / ㎢
高齡者人口	2,278,324 人
高齡人口比例	26.1%

和歌山縣 (縣廳所在地：和歌山市)

人　　口	963,579 人
面　　積	4,724.69 ㎢
戶　　數	392,332 戶
人口密度	203.9 人 / ㎢
高齡者人口	296,239 人
高齡人口比例	30.9%

奈良縣 (縣廳所在地：奈良市)

人　　口	1,364,316 人
面　　積	3,690.94 ㎢
戶　　數	530,221 戶
人口密度	369.6 人 / ㎢
高齡者人口	388,614 人
高齡人口比例	28.7%

三重縣 (縣廳所在地：津市)

人　　口	1,815,865 人
面　　積	5,774.4 ㎢
戶　　數	720,292 戶
人口密度	314.5 人 / ㎢
高齡者人口	501,046 人
高齡人口比例	27.9%

根據「平成 27 年國勢調查」

現今創造日本歷史的畿內地區

包圍京都的畿內與
八個令制國

三重的伊勢、
和歌山的熊野

古代中國天子治理的地方稱為「畿」。天皇所治理的京城近似於「畿」之意，所以成了近畿地區，具體範圍是畿內及其周邊地區；畿內是指山城、大和、河內、和泉、攝津五個國家。

這五個國家稱為「五畿內」，簡單地說，就是指京城以及其周邊之意。

現在，指與近畿差不多範圍的字彙，就是常被使用的關西這個字詞。所謂關西是關東的對照詞，本來如果要說哪一個的話，關西這個詞是從關東的角度出發而來。不過現在的確因近畿這個詞帶有莊嚴印象，當地居民好像也專用關西稱呼近畿。

接著，試著看各府縣吧！首先是三重縣。無線電視是屬名古屋的準核心局播送區域，經濟上也是屬於中京圈。但民營鐵路以近畿日本鐵道為主，皆往大阪的通勤圈。此外，稱作紀勢地區的三重與和歌山之間的往來也很繁盛。三重縣可以說是非常難以分類的縣。雖然縣廳所在地是津市，但縣內最大的都市卻是四日市市。舊國名的構成概念是與伊勢神宮同神宮名的伊勢國、以養殖珍珠為人熟知的志摩半島的志摩國，以及以忍者出名的伊賀國，還有包含紀伊國的一部分。

紀伊半島的南方是同紀州的和歌山。紀伊國（音同 kiinokuni）的由來是指有很多山林的木國（音同 kinokuni）而來。雖然不能說其交通方便，但像吉宗、家茂二位將軍就是從御三家紀州竄出。相傳在弘法大師空海仍在世的高野山、登錄在世界遺產的熊野古道與熊野三山等，有許多具歷史意義且值得一去的景點。

擁有日本面積第一大湖——琵琶

五畿內地圖

越前
美濃
但馬　丹後　若狹
尾張
丹波　近江
山城
播磨　攝津
伊賀
河內
和泉
淡路　大和
伊勢
紀伊

現在的近畿地區

京都府
兵庫縣　滋賀縣
大阪府　三重縣
奈良縣
和歌山縣

北海道地區

東北地區

關東地區

中部地區

近畿地區

中國地區

四國地區

九州、沖繩地區

湖的滋賀縣，縣廳所在地為大津市，舊國名為近江國。近江是離都市較近的湖，也是琵琶湖名稱的由來。順帶一提，琵琶湖的面積是滋賀縣的六分之一，意外地狹窄。只是南北較長，加上位在滋賀縣正中央、像是甜甜圈凹洞位置的地方，所以感覺比實際大。

歷史傳承的京都、奈良與大阪

鄰近滋賀縣西邊的是京都府，也是千年國都平安京所在地，包括舊國名的山城、丹波、丹後三個國家。山城國現位在京都府南部，相當於宇治的位置。丹波國是指從現今京都府中央，到由較平緩群山環繞的兵庫縣東部一帶。留下縮名丹後的丹後國是從丹波國分離而出，位在現京都府北部、日本海沿岸地區。若再往更遠處，有因志賀直哉的小說而出名的城崎溫泉（兵庫縣）以及天橋立等充滿風情的地方。

比京都還早繁榮昌盛的是擁有平城京等都市的奈良縣，幾乎可算是過去的大和國。近畿區的內陸縣只有滋賀縣和奈良縣。相對於縣廳所在地奈良市等的觀光地，以及原本也是大阪或京都周邊住宅區的奈良北部，在深山處的吉野以南，人口流失嚴重，也是會發生南北差異問題的縣市。

奈良縣西邊是擁有日本第二大都市大阪市的大阪府。因是古老的商業城市，二戰前也出現過以大阪作為日本第一的經濟都市的情形。近年來以撤除大阪市與大阪府雙重行政為目的的大阪都為構想，與2025年舉辦世界博覽會的決定等議題一樣，話題性十足。大阪與京都並列，受外國觀光客的喜愛快凌駕於東京。舊國名有和泉、河內、攝津等。

包圍著大阪灣、位在大阪府正對面的是兵庫縣，縣廳所在地是帶有時髦印象的神戶市。兵庫縣北臨日本海，南接瀨戶內海的近畿地區，是此區最大的縣。可能是這個原因，在律令制度下竟跨越七個國家。由於淡路島也隸屬兵庫縣管轄，變成四國的玄關口。1995年發生阪神淡路大地震，雖然受到很大的災害，但現已重建完成。當時受災戶分享的震災經驗及該如何克服這些狀況，對其他地區的災民來說，真是幫了大忙。

現在的近畿地區

城崎溫泉
豐岡
天橋立
舞鶴
福知山
琵琶湖　米原
彥根
甲賀
四日市
高槻
寶塚
豐中
伊賀
姬路
蘆屋　西宮
堺
橿原
岸和田
明日香
伊勢
淡路島
▲
高野山
熊野本宮大社
熊野那智大社　熊野速玉大社
熊野古道

伊勢地區

北海道地區

東北地區

關東地區

中部地區

近畿地區

中國地區

四國地區

九州、沖繩地區

日本海沿岸的天橋立

日本第一的紀伊半島 與孕育琵琶湖的地方

京阪神的水庫琵琶湖

近畿地區日本海岸的若狹灣屬於沉降式海岸。位在若狹灣西端、四角突出的是丹後半島。其東邊有日本三景之一的天橋立，令人憶起《百人一首》小式部內侍的「大江山路遠，橋立未曾臨。我自才思敏，何須問母親？山長平野闊，母去路悠悠。杳渺無音信，幾曾橋立遊？」這首歌。不過如詞所述，此地離都市還真有點遠。

若狹灣南邊是丹波高地，其對面則是繁華的京都及大阪。

與樂器琵琶相似的琵琶湖是京阪神的水庫。往京都方向是明治時代建造的琵琶湖渠道，往大阪則是滋賀縣的瀨田川，在京都則稱宇治川，由熟悉的淀川把水帶走，最後流進大阪灣。由於道頓堀川的主河道也是淀川，京阪神的繁榮簡直可說是來自淀川的賞賜。

移向與中部地區的邊界——伊勢灣，其東側銜接伊勢平原，背後更與鈴鹿山脈相連。如上述，屬於沉降式海岸的志摩半島，向西邊展示其小小的存在感，是眾所周知珍珠養殖的故鄉。

越過志摩半島則來到熊野灘。再往南走，則可到達潮岬。以潮岬為頂端，和歌山縣、奈良縣，以及包含一部分大阪府在內的巨大半島，就是所謂的紀伊半島。

由於紀伊半島正中央有紀伊山地，附近必然存在著巨大的河川。注入熊野灘側的是熊野川；注入半島西邊紀伊水道的是有田川。同樣是紀伊水道側的還有紀之川。

兵庫縣的南方為播磨灘。隔開播磨灘與大阪灣、有著縱向朝南北的菱形狀島嶼，便是著名的淡路島。

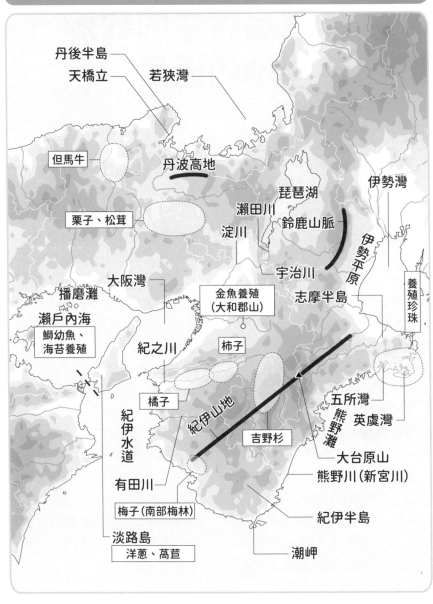

近畿地區的地形與農林漁業

丹後半島
天橋立 — 若狹灣
但馬牛
丹波高地
琵琶湖 伊勢灣
栗子、松茸 瀨田川 鈴鹿山脈
淀川
宇治川 伊勢平原
大阪灣 金魚養殖 志摩半島 養殖珍珠
播磨灘 （大和郡山）
瀨戶內海 紀之川 柿子
鰤幼魚、 五所灣
海苔養殖 橘子 熊野灘 英虞灣
紀伊山地
紀伊水道 吉野杉 大台原山
熊野川（新宮川）
有田川
梅子（南部梅林） 紀伊半島
淡路島
洋蔥、萵苣 潮岬

北海道地區

東北地區

關東地區

中部地區

近畿地區

中國地區

四國地區

九州、沖繩地區

比起其他地區略微遜色的農業

作為品牌牛的故鄉、茶產地的近畿

和歌山有橘子、梅子、柿子

松茸和栗子是丹波高地具代表性的農產品。

淡路島盛行著近郊農業；淡路島曾被稱作「花與綠與洋蔥」之島，其洋蔥王國的印象仍持續至今。

近畿的三重縣與京都府是茶葉產地；京都的宇治茶會釀造出一種高級感。京都傳統料理所使用的蔬菜是蕪菁，而京都及鄰縣滋賀的蕪菁栽培，很引人注目。

整體來說，從古代開始正因是消費地的關係，近畿地區的農業比起其他地區還不引人注目。但在這樣的近畿地區各縣之中，氣勢上漲的是和歌山縣，特別是柑橘栽種。將愛媛縣和靜岡縣這樣強大的對手當作對象，即使如此，數十年來柑橘生產量仍穩坐日本第一。

此處生產的柿子和梅子極具風味；應該沒有人對於紀州梅與其質量為全國頂尖等級這件事抱持異議吧！

來看看畜牧業！全國性品牌牛但馬牛的故鄉，是以兵庫縣日本海側豐岡市為中心的但馬地區。神戶牛、松阪牛還有近江牛等，雖然就算只在近畿地區也有許多各式各樣的品牌牛，但其共同根源都是但馬牛。使人聯想到所謂的三大血統純種馬。

紀伊國正因為是木國，和歌山縣是靠林業組成的縣，但是紀伊山地有很多私有林地。過去把砍伐下來的木頭做成木筏，在熊野川或紀之川上漂流，流到下游的新宮或和歌山後再加工製材。同樣是紀伊山地的奈良縣吉野川流域的吉野杉，是以最高級品牌的木材而聞名。

北海道地區

東北地區

關東地區

中部地區

近畿地區

中國地區

四國地區

九州、沖繩地區

認識和歌山的柑橘

收成量

	2017	2016	2015
1	144,200 (和歌山)	161,100 (和歌山)	160,200 (和歌山)
2	120,300 (愛媛)	127,800 (愛媛)	120,600 (愛媛)
3	85,700 (熊本)	121,300 (靜岡)	101,200 (靜岡)

出貨量

	2017	2016	2015
1	130,400 (和歌山)	145,900 (和歌山)	142,400 (和歌山)
2	109,400 (愛媛)	115,500 (愛媛)	107,400 (愛媛)
3	78,600 (熊本)	107,100 (靜岡)	86,300 (靜岡)

資料來源：農林水產省

> 和歌山的柑橘因14年間連續生產量第一而自豪！有田地區從400年前開始生產「有田橘」，擁有歷史與傳統。

近畿地區的三大和牛品牌

滋賀

但馬牛
黑毛和種
(但馬牛)

三重

近江牛
黑毛和種

松阪牛
黑毛和種

兵庫

神戶牛
黑毛和種
(但馬牛)

> 品牌牛近江牛、神戶牛、松阪牛，不管哪一種都以但馬牛為根源。

世界首次養殖珍珠的御木本企業

以養殖的珍珠、金魚、海苔出名

紀伊水道的紀鯖、勝浦的黑鮪魚

紀伊半島東邊是由伊勢灣與熊野灘包夾的三重縣志摩半島，為典型的沉降式海岸。志摩半島的英虞灣，御木本幸吉是世界上首位在此成功養殖珍珠母貝的人。

現在，在愛媛縣宇和海、長崎縣大村灣也都有珍珠的養殖。志摩半島三重縣養殖珍珠已有很長的時間，養殖量仍低於上述二縣。

不過，志摩半島的珍珠如今依然在英虞灣、五所灣活躍生產，成為世界上受歡迎的產品。

說到養殖，三重縣鄰縣奈良縣大和郡的金魚養殖也很有名。原本是因作為武士的副業而展開，其歷史可追溯到江戶時代享保年間。

在淡路島也有發展水產養殖業，這邊養殖的是紫菜。雖然這也只是意外，但多虧了它，兵庫縣紫菜收成量常是全國前幾名。

臨太平洋黑潮的是和歌山縣，感覺應該會有很大的漁港，但不僅是和歌山縣，近畿地區沒有被指定為第三類特種漁港的漁港。

儘管如此，說到這些地方如三重縣的奈屋浦港、和歌山縣的田邊港以及同樣是和歌山縣的那智勝浦的勝浦港，都頗有名氣。在田邊港可以捕獲到脂肪量高的紀伊水道紀鯖。

要說勝浦港有什麼，那就是黑鮪魚了。最近即使作為觀光地，像是築地市場、三崎、燒津等能吃到新鮮魚貨的市場或魚港也都關閉，不過為了鮪魚而造訪勝浦港的人還是會不斷增加。

三重縣的珍珠養殖

御本木珍珠島

世界首次珍珠養殖
的誕生地！

志摩半島

鳥羽市

志摩市

英虞灣

五所灣

三重縣英虞灣珍珠養殖的風景
（相片：AFRO）

近畿地區的養殖魚種別比例 (海面)

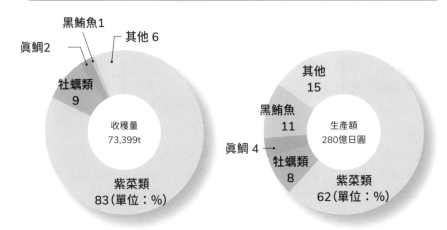

黑鮪魚1

真鯛2

其他 6

牡蠣類
9

收穫量
73,399t

紫菜類
83（單位：%）

其他
15

黑鮪魚
11

真鯛 4

牡蠣類
8

生產額
280億日圓

紫菜類
62（單位：%）

農林水產省 平成28年

北海道地區

東北地區

關東地區

中部地區

近畿地區

中國地區

四國地區

九州、沖繩地區

因熱島效應，夏天變得酷熱

暖流與黑潮的影響，冬季比較溫暖

內陸盆地京都的夏季非常酷熱！

同時臨日本海、太平洋以及瀨戶內海的就是近畿地區。加上近畿地區有丹波高地，有些地方屬於內陸性氣候。諸如這些理由，能看到各種氣候混在一起的就屬此近畿地區。

近畿地區臨日本海側的區域，雖然能夠理解冬天降雨量很多，但因受到對馬暖流的影響，氣溫並不會因降雨量多的緣故而劇烈下降。此理由與東北和北陸並不是大雪地帶一樣。

由於內陸部分盆地地形較多，像京都一樣夏季炎熱的地方遍布各地。

太平洋側地區由於受到黑潮影響，相對溫暖。因潮岬是颱風必經路線，此地經常是颱風現場轉播的地點。

位在紀伊半島、伊勢灣南岸的三重縣尾鷲市等，跨越三重縣與奈良縣的大台之原，是日本少數擁有高降雨量紀錄的知名地點。

大阪、神戶、明石、姬路等地面向瀨戶內海。由於這個原因，夏天與冬天皆不易受季風影響，成為年降雨量少的瀨戶內式氣候地區。大阪則是與所謂的瀨戶內式氣候感覺不太一樣，從地圖來看可以接受這不太一樣的理由。話雖如此，大阪也受到熱島效應很大的影響，程度僅次於東京，加上從甲子園棒球場棒球轉播地吹來帶有水氣的海風，變得不是瀨戶內式氣候特有的乾熱，而是溼熱。日本夏天的炎熱氣候都快變成季節的象徵了。若萬事俱備的話，乾脆去追求夏季才有的樂趣也許才是正確的也說不一定。

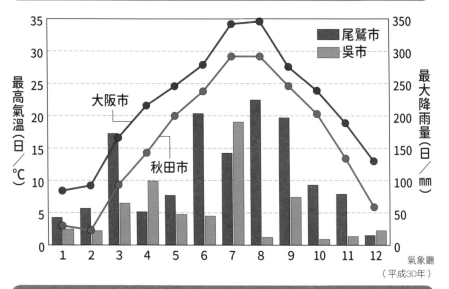

近畿與其他地方的氣候比較

最高氣溫（日／℃）

最大降雨量（日／mm）

大阪市

秋田市

■ 尾鷲市
■ 吳市

氣象廳
（平成30年）

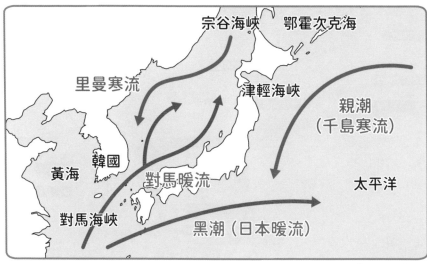

日本近海海流

宗谷海峽　鄂霍次克海

里曼寒流

津輕海峽

親潮
（千島寒流）

韓國

黃海

對馬暖流

太平洋

對馬海峽

黑潮（日本暖流）

參考：日本海學推進機構構

北海道地區

東北地區

關東地區

中部地區

近畿地區

中國地區

四國地區

九州、沖繩地區

近畿地區主要的工業與開發

使用地圖介紹近畿地區的工業與傳統工藝、開發、
環境保全以及其主要的製造業者。

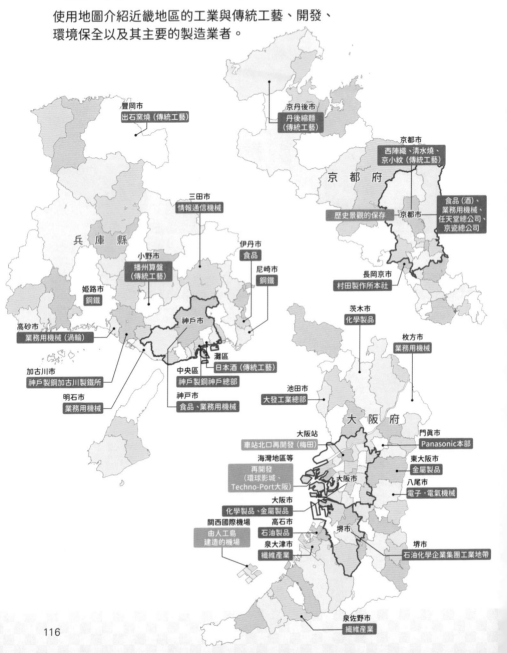

豐岡市
出石窯燒 (傳統工藝)

京丹後市
丹後縮麵
(傳統工藝)

京都市
西陣織、清水燒、
京小紋 (傳統工藝)

京都府

歷史景觀的保存

京都市
食品 (酒)、
業務用機械、
任天堂總公司、
京瓷總公司

三田市
情報通信機械

小野市
播州算盤
(傳統工藝)

伊丹市
食品

尼崎市
銅鐵

長岡京市
村田製作所本社

姫路市
銅鐵

兵 庫 縣

茨木市
化學製品

枚方市
業務用機械

高砂市
業務用機械 (渦輪)

神戶市

灘區
日本酒 (傳統工藝)

加古川市
神戶製鋼加古川製鐵所

中央區
神戶製鋼神戶本部

池田市
大發工業總部

明石市
業務用機械

神戶市
食品、業務用機械

大 阪 府

大阪站
車站北口再開發 (梅田)

門眞市
Panasonic本部

海灣地區等
再開發
(環球影城、
Techno-Port大阪)

大阪市

東大阪市
金屬製品

八尾市
電子・電氣機械

大阪市
化學製品、金屬製品

關西國際機場
由人工島
建造的機場

高石市
石油製品

堺市

泉大津市
纖維產業

堺市
石油化學企業集團工業地帶

泉佐野市
纖維產業

116

稻邊市
運輸機械

伊賀市
化學藥品（醫藥品）

四日市市
石油化學企業集團工業地帶

鈴鹿市
本田技研工業鈴鹿製作所

三 重 縣

奈良市
高山竹製茶具、
奈良筆（傳統工藝）

歷史景觀的保存

奈 良 縣

和歌山市
新日鐵住金和歌山製鐵所

滋 賀 縣

東近江市
電子‧電氣機械

草津市
電氣機械

甲賀市
化學藥品（醫藥品）

信樂町
信樂窯燒

和 歌 山 縣

北海道地區

東北地區

關東地區

中部地區

近畿地區

中國地區

四國地區

九州、沖繩地區

北陸自動車道

京都丹後鐵道宮豐線　小濱線

舞鶴線

敦賀

但馬空港

豐岡

鳥取県

舞鶴若狭自動車道

舞鶴

小浜

山陰本線

湖西線

京都府

福知山

京都

大津

滋賀県

北近畿豐岡自動車道

嵯峨野線

嵯峨野觀光鐵道

播但線

福知山線

京都縱貫
自動車道

播但連絡道路

兵庫県

篠山

京都線

姫新線

中國自動車道

新名阪高速道路

宇治

第二京阪
道路

寶塚線

大阪國際空港
（伊丹空港）

奈良線

阪神高速道路

宝塚

高槻

豐中

西宮

大阪環状線
近畿自動車道

姫路

加古川

神戸

東西線・
学研都市線

赤穂

明石

奈良

東大阪

大阪

山陽自動車道

神戸空港

第二阪奈有料道

赤穂線

夢咲線

大和路線

堺

神戸淡路鳴門自動車道

神戸線

關西國際空港

岸和田

第二阪奈有料道

大阪府

大阪府

香川県

洲本

大和高田外環道

萬葉Mahoroba本
（櫻井線）

奈良県

鳴門

阪和
自動車道

五條

德島

關西空港線

堺泉北道路

阪和線

南阪奈道路

小松島

阿南

和歌山

海南

和歌山線

湯淺御坊道路

和歌山県

德島県

橋本

關西空港連絡橋、
關西空港自動車道

田辺

南紀白濱空港

新宮

118

紀本線

郡上

岐阜県

岐阜

大垣

一宮

名神高速道路

琵琶湖線

名古屋

草津線

桑名

愛知県

東海道・山陽新幹線

伊勢灣自動車道

四日市

東名阪自動車道

關西本線

龜山

伊勢鐵道伊勢線

名阪國道

新名神高速道路

京滋外環道路

津

伊勢灣自動車道

松阪

名松線

伊勢

三重縣

參宮線

紀勢自動車道

名阪自動車道

和自動車道

泉

圖例

───────	新幹線
┅┅┅┅┅	JR線
───────	私鐵線
───────	高速公路
───────	汽車專用道
───────	其他道路

近畿地區的交通

近畿地區是前往中國、四國還有九州的出發點。
鐵路則是東海道新幹線終點站新大阪站所在地。
從這裡開始切換成山陽新幹線。高速公路名神高
速公路也只到西宮交流道；吹田開始是山陽高速
公路和中國高速公路的起點，支撐著西邊交通。
還有作為往四國交通路線的神戶──今治路線。
不過，近年來不只是四國和九州，中國地區也增
加許多直接往東京方向的交通。（編輯部）

近畿地區的觀光

① 琵琶湖 @滋賀縣

在滋賀縣以日本面積最大與貯水量為傲的湖泊，是京阪神的水庫。生態環境多樣，有超過千種以上的動植物在此棲息。近年來水質漸漸變得混濁。

相片提供：（公社）琵琶湖訪客營業所

② 伊勢神宮 @三重縣

伊勢神宮正式名稱為「神宮」，由皇大神宮（內宮）與豐受大神宮（外宮）及其他，由14個別宮、攝社、末社等等125宮社集結而成。三種神器之一的八咫鏡便是供奉在此。

相片提供：神宮司廳

③ 東大寺 @奈良縣　世界遺產

華嚴宗最高位的寺院。從古代到現在為止集結了廣泛的信仰，在日本文化占有很大影響的寺院。1998年時以古都奈良文化財的一部分，登錄於世界遺產裡。

相片：東大寺事務所·奈良市觀光協會

④ 南紀白濱 @和歌山縣

和歌山縣白濱町的海水浴場。海岸沿途設有溫泉設施、住宿設施等，非常寬廣，是西日本少數以海上度假村的方式發展的地區。也可體驗從萬葉時代開始刻劃下的淵博文化與歷史等。

相片提供：白濱觀光協會

⑤ 清水寺 @京都府　世界遺產

清水的寺院。本尊是千手觀音，開基（創立者）是延鎮上人。國寶，包含30個伽藍的重要文化財鱗次櫛比，約在江戶初期時重建。1994年登錄在世界文化遺產裡。

相片提供：清水寺寺務所

彥根城
安土城跡

古都京都的文化財產
比叡山延曆寺
仁和寺
二條城
平等院
金閣寺
銀閣寺
西本願寺 等

伊勢灣
琵琶湖琉冰

古都奈良的文化財產
藥師寺
元興寺
平城宮跡
興福寺
春日大社
唐招提寺
春日山原始林

鳥羽水族館

伊勢志摩国立公園

英虞灣

志摩半島

光是世界遺產就讓人無法招架。從登錄順序來看，首先是奈良的斑鳩地區，擁有法隆寺及其附近周邊的佛教建築物。在安土桃山時代，一說到桃山文化下的最高建築物，便會想到又被稱作白鷺城的姬路城；以清水為熟悉舞台、畢業旅行學生們的回憶場所——清水寺開始，擁有17座寺院神社古老城市的京都是文化財的寶庫。作為都市，比京都歷史更悠久的奈良也以「古都奈良的文化財」登錄在世界遺產裡。

⑥ 日本環球影城 @大阪府

將好萊塢知名電影以主題方式，製作成令人亢奮的乘坐遊戲和受歡迎的角色等，不分老少皆能享樂，集結了世界級水準的娛樂設施的主題公園。

相片提供：日本環球影城

⑦ 神戶港灣人工島 @兵庫縣

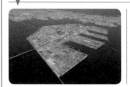

神戶港內的人工島。藉由神戶大橋以及港島隧道與神戶中心部連結，備有整套港灣與都市機能。1980年，獲得日本都市計畫學會石川獎。

相片提供：神戶市港總局

日本遺產

以下表格是指2015年（平成27）日本文化廳製作的日本遺產。幾乎鮮少為人所知，作為日本歷史和文化的故事推廣到世界各地。「Story」一詞雖然不親近，但就是「作為故事流傳於後世的文化」的意思。

由於僅距離今日約10～20年左右即登錄為遺產，即便幾乎沒有什麼稀少性，但因內容獨一無二，可以感覺到身為遺產登錄單位日本文化廳之自信。不管世界是否認同，以作為日本人所擁有的文化而感到自豪的認知，令人敬佩。

「與鯨魚共生」是於2016年（平成28）登錄，是以和歌山縣擁有捕鯨文化的新宮市為中心的地方故事。對於不了解日本捕鯨文化的外國人，這就是最想傳達的內容。連標題都能感受到自信的氛圍。

其他也有很多能觸及到日本地域文化的內容。從文化廳官網就能看到「日本遺產」，可以搜尋看看。（編輯部）

●令人在意的「日本遺產」

故事的標題	都道府縣	內容
老婆天下第一群馬絹物語	群馬縣	支撐養蠶業之「妻子」們的文化
以「信長公的待客之道」生存的戰國城下町	岐阜縣	其實信長是待人的天才
開拓未來「一條渠道」──大久保利通	福島縣	建造渠道、追隨武士救助的利通
與鯨魚共生	和歌山縣	對人們來說鯨魚是神般的存在
出雲國多多羅地方誌──製鐵的千年物語	島根縣	世界上唯一留下的「多多羅製鐵」是什麼？
忍術的故鄉：伊賀、甲賀──尋求真實的忍者	滋賀縣、三重縣	什麼是真正的忍者！存在現代忍者的忍者故鄉
明治貴族描繪未來──那須野開拓浪漫抒情詩	栃木縣	明治貴族所描寫、富饒那須的開拓物語
星星降於中部高地的繩文世界	長野縣、山梨縣	在繩文時代被比喻成星星的黑曜石
鬼成佛的故鄉「國東」	大分縣	在國東人與鬼像老朋友一樣連繫

※根據文化廳網站主頁。由於原標題較長，在此將其予以精簡。

中國地區
Chugoku

北海道地區

東北地區

關東地區

中部地區

近畿地區

中國地區

四國地區

九州、沖繩地區

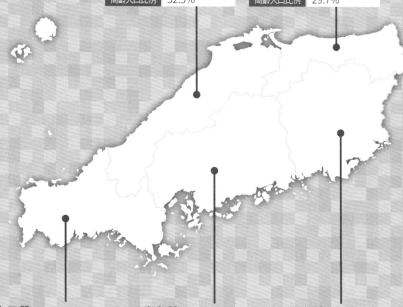

島根縣（縣廳所在地：松江市）

人　　口	694,352 人
面　　積	6,708.24 k㎡
戶　　數	265,008 戶
人口密度	103.5 人／k㎡
高齡者人口	222,648 人
高齡人口比例	32.5%

鳥取縣（縣廳所在地：鳥取市）

人　　口	573,441 人
面　　積	3,507.05 k㎡
戶　　數	216,894 戶
人口密度	163.5 人／k㎡
高齡者人口	169,092 人
高齡人口比例	29.7%

山口縣（縣廳所在地：山口市）

人　　口	1,404,729 人
面　　積	6,112.3 k㎡
戶　　數	598,834 戶
人口密度	229.8 人／k㎡
高齡者人口	447,862 人
高齡人口比例	32.1%

廣島縣（縣廳所在地：廣島市）

人　　口	2,843,990 人
面　　積	8,479.45 k㎡
戶　　數	1,211,425 戶
人口密度	335.4 人／k㎡
高齡者人口	774,440 人
高齡人口比例	27.5%

岡山縣（縣廳所在地：岡山市）

人　　口	1,921,525 人
面　　積	7,114.5 k㎡
戶　　數	772,977 戶
人口密度	270.1 人／k㎡
高齡者人口	540,876 人
高齡人口比例	28.7%

根據「平成27年國勢調查報告」

橫跨山陰與山陽的山口縣

山陰的鳥取、島根；
山陽的廣島、岡山

多采多姿的中國地區

中國地區的正中央正好延伸著一條低緩、平穩的中國山地，如脊柱般分隔南北，並將中國山地以北、沿著日本海的地區稱為山陰；中國山地以南、沿著瀨戶內海的地區稱為山陽。

山陰地區由東到西為鳥取縣與島根縣。由於受到許多人的輕視對待，曾有不少縣民看低自己的出身，但是現在情勢逆轉，縣民們勇於認清自己的優勢，販賣山陰地區的當地物產，其精神令人感到相當敬佩。

雖然鳥取縣縣廳在以鳥取砂丘出名的鳥取市，但是縣內最大的城市卻是米子市。西鄰的島根縣縣廳所在地，則是於2015年再指定為國寶的松江城城下町松江市。由於與稱為大社的出雲大社有所淵源，神社眾多，近年來搭著能量旅行的熱潮，受到了極高的歡迎。

另一方面，山陽地區由東到西是岡山縣與廣島縣。岡山縣縣廳岡山市則是桃太郎的發源地。

位於該縣西側的廣島，因有許多山陽新幹線車站停靠，在鐵道迷們間廣為熟知。進入21世紀後，未曾再奪下日本職棒大賽冠軍的廣島東洋鯉魚隊，在2016年終於再度奪下，使廣島縣街道充滿生氣一事仍記憶猶新。在太平洋戰爭中被投下原子彈而蒙受重大災害的廣島市，因選為和平紀念都市，在世界上也廣為人知。

位於本州西部橫跨山陰與山陽的，則是在幕府末期因長州藩而著名的山口縣。山口縣也是全日本出過最多日本首相的縣市。

姑且不論中國地區在地理位置與日本政治文化沒有一貫，但可說是個非常多采多姿的區域。

北海道地區

東北地區

關東地區

中部地區

近畿地區

中國地區

四國地區

九州、沖繩地區

中國地區的「中國」是指？

有關中國地區的名稱，推測會有許多人感到與日本其他地名不太和諧。一般來說，講到中國，大部分的人內心所浮現的大多是中華人民共和國吧。

但是，中華人民共和國開始被稱為中國是在20世紀以後，中國地區的「中國」則在平安時代就如此稱呼，並不是因該地區接近中國大陸。

實際上，關於中國地區的緣由有許多說法。但是統整目前的說法，以中古日本將全國分為「遠國」與「近國」，位於中間地帶者被命名為「中國」的說法，最為有力。

區分其遠近的標準為國都京都。總之，距離京都較遠的九州為遠國，較近的為近國，位於遠國與近國中間的，則稱為中國。

中國地區與四國地區的地域區分

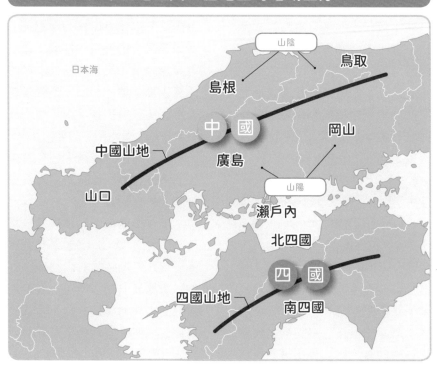

日本海

山陰

鳥取

島根

中國

中國山地

岡山

廣島

山陽

山口

瀨戶內

北四國

四國

四國山地

南四國

由中國山地與瀨戶內海所形成的氣候

由北到南爲日本海岸式氣候、內陸性氣候與瀨戶內式氣候

降雨量相對較少的瀨戶內式氣候

中國地區主要區分為三種氣候：沿著日本海的山陰地區屬於冬季水量較豐沛的日本海岸式氣候；中國山脈為內陸式；山陽地區則是瀨戶內式氣候。

沿著日本海的山陰地區與東北及北陸地區相比較為南端，冬季並沒有極端的降雪，但並不代表可以完全避開異常氣候的侵襲。

於2010年年末至2011年年初，發生了稱作「山陰豪雪」的典型災害。由於山陰地區在地形的保護下不易發生自然災害，即使發生災害也不會造成嚴重損失。但因為不習慣災害的發生，一旦發生重大災害，基層便難以採取防災對策。

不過由於網路的發達，山陰豪雪發生時有許多人伸出援手，使得災害得以控制在最低限度。求助雖是最原始的方法，卻也是緊急時刻最有效的方法。

中國山地以南的山陽地區與北四國地區同為瀨戶內海式氣候。由於夏季季風有四國山地遮掩、冬季季風有中國山地屏蔽，瀨戶內海沿岸幾乎沒有被富含水氣的季風正面吹襲。因此，不管是夏天還是冬天幾乎都不會下雨，成為全年降雨量皆稀少的地區。

因氣候溫暖、降雨少，在此處生活十分容易，但缺點則是由於全年處於低雨量，必定會造成乾旱。現在山陽地區時常遭遇缺水危機，取水限制也造成不少負擔。有大河流經的北四國地區雖然沒有嚴重的缺水問題，但是一遇到颱風與地震仍有缺水危機，期望該地區平時就能擬定好周延的缺水對策。

砂丘與沙漠的差異

沙漠 … 屬於乾燥地帶，全年無雨的不毛之地。

砂丘 … 並非乾燥氣候所引起，是由風吹來許多砂土經年累月堆積而成。

風在鳥取砂丘上吹拂出的風紋

沙漠與砂丘的差異在降雨量。由於日本國土大部分位於溫帶地區，因此一定會降雨。鳥取位於山陰地區，故冬天會積雪。

● **鳥取**（日本海岸式氣候）**與岡山**（瀨戶內海式氣候）**的每月日照時間比較**

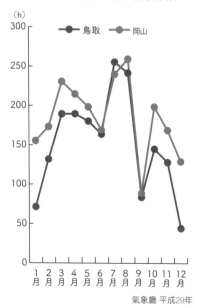

（h）

- 鳥取
- 岡山

氣象廳 平成29年

北海道地區

東北地區

關東地區

中部地區

近畿地區

中國地區

四國地區

九州、沖繩地區

column

哪裡是日本最大的砂丘？

一旦有人問到日本最大的砂丘在哪裡時，大部分的人都會回答鳥取砂丘。事實上，日本最大的砂丘是位於青森縣的猿之森砂丘。鳥取砂丘僅有545公頃，但是猿之森砂丘卻有其30倍，達15,000公頃。

但是為何大部分的人會比較清楚鳥取砂丘，認為是日本最大砂丘呢？原因應該是猿之森砂丘的知名度比較低。鳥取砂丘不但是風景地，也可供人進入參觀，猿之森砂丘則禁止進入。

因為猿之森砂丘是自衛隊的訓練地點。該砂丘是火炮的彈道試驗場，十分危險，禁止一般人進入，所以才不被人熟知。

地形

平緩山地與
瀨戶內海諸島

活動充實度第一的鳥取砂丘

平緩的中國山地橫跨東西，其中最高峰「大山」又稱為「伯耆富士」或「出雲富士」，最高峰標高1,729公尺，未達2,000公尺。

日本海沿岸有廣為知名的鳥取砂丘，廣為人知的原因並非是日本最大砂丘，而是因其可玩性是眾砂丘中的第一。在鳥取砂丘說不定可以看到風所吹拂出的神祕風紋。

日本海沿岸的海岸線較為單調，島根半島雖是一個半島，但是海岸線平緩、沒有明顯突出的地形。島根半島有兩座湖泊，一是與日本海連貫的中海，另一是以養蜆聞名的宍道湖。中海與宍道湖彼此沒有相連。

平原地形則有鳥取平原與出雲平原，但是並不寬廣。流向日本海的河川則是中國地區最大的河川，又稱為中國太郎的江之川。

接下來是島嶼。有後醍醐天皇被流放的隱岐諸島、戰後韓國突然於1952年主張領土權的竹島等，矗立在日本海上的島嶼。

瀨戶內海沿岸的山陽地區有著名的岡山平原與廣島平原。瀨戶內海上有三千多座與近畿地區介紹的淡路島幾乎同等大小的島嶼。河流則有岡山三大河川的高梁川、旭川、吉井川，以及構成廣島三角洲、極為出名的太田川。

山口縣則有以石灰岩地形所構成的喀斯特台地，其中知名的「秋吉台」是日本最大的石灰岩地形。地底下的鐘乳石洞「秋芳洞」，也吸引了大量觀光客前來朝聖。

中國地區的地形

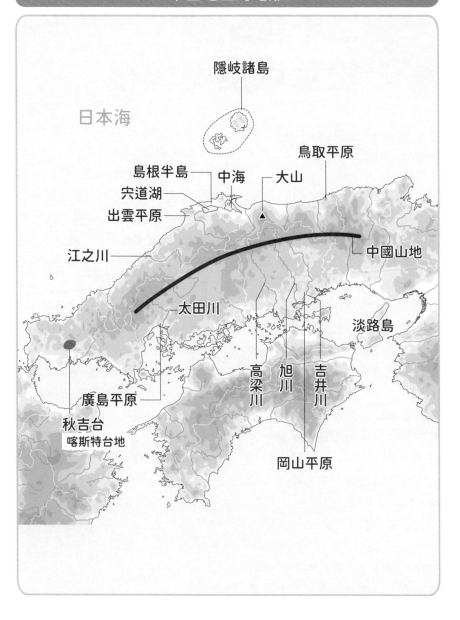

日本海

隱岐諸島

島根半島
宍道湖
出雲平原

中海

大山

鳥取平原

中國山地

江之川

太田川

高梁川

旭川

吉井川

淡路島

廣島平原

秋吉台
喀斯特台地

岡山平原

北海道地區

東北地區

關東地區

中部地區

近畿地區

中國地區

四國地區

九州、沖繩地區

農林業

梨子的需求從青梨變成紅梨

二十世紀梨、松茸以及美作杉

葡萄的女王「亞歷山大麝香葡萄」

鳥取縣的日本梨是必買的名產,過去該縣市曾是日本國內日本梨產量最高的地區。

近年,梨子的供給逐漸從青梨代表二十世紀梨被幸水、豐水等的紅梨取代。為了順應這個變化,栽種梨子的農民除了二十世紀梨也開始栽培紅梨。現在的農業若忽視消費者的喜好變化便難以生存。

在許多日照充足的山陽地區,其中岡山縣種植葡萄與水蜜桃。雖然產量一度無法與其他縣相比,但是岡山縣的葡萄始終保持著一定的知名度。

像是葡萄女王「亞歷山大麝香葡萄」,在日本的產量高達九成。此外,也種植許多其他高級的葡萄品種,例如稱為黑珍珠的「貓眼葡萄」以及2003年登場的「晴王麝香葡萄」等。

矗立在瀨戶內海的生口島,雖是尾道市所管轄的小島,卻是日本檸檬產量最高的產地,此地生產的臍橙產量也是日本數一數二。

松茸產量在日本屈指可數

接下來談談林業。岡山縣美作地區所種植的木材被稱作「美作材」,以其優良品質而廣為人知。

秋季傳統的松茸在岡山縣的產量也十分可觀。由於不限於收成松茸,在栽種菇類時也會種植樹木,菇類的栽培與產量並不分類於農業而是林業。因此,林業不單僅限於砍伐樹木獲取木材而已。

取自於中國地區的果樹品牌

主要的梨子品種

夏姬（青梨）
新甘泉（紅梨）
豪斯二十世紀梨（青梨）
幸水（紅梨）
豐水（紅梨）
新興（紅梨）
愛宕梨（紅梨）
新雪（紅梨）
秋榮（紅梨）
王秋（紅梨）

主要的葡萄品種

岡山新貓眼
亞歷山大麝香
晴王麝香
瀨戶巨人
紅提子
紫苑

鳥取

島根

岡山

廣島

山口

主要的檸檬品種

里斯本
維拉法蘭卡

檸檬
生產量
日本第一

維拉法蘭卡

主要的水蜜桃品種

日川白鳳
加納岩白桃
白鳳
清水白桃
岡山夢白桃
川中島白桃
白麗
黃金桃

北海道地區

東北地區

關東地區

中部地區

近畿地區

中國地區

四國地區

九州、沖繩地區

全國十三個第三類特種漁港中占了三個

全國屈指可數的漁港
——廣島縣的牡蠣

坂井港、濱田港、下關港

全國漁民皆可使用的漁港被分類在第三類漁港，其中被中央政府指定為重點發展水產業的漁港稱為「第三類特種漁港」。

在日本十三個第三類特種漁港中，中國地區由北到南分別有境港、濱田港、下關港，皆位在日本海沿岸。

鳥取縣著名的境港市即是大家熟悉的《鬼太郎》作者——妖怪漫畫家水木茂的出生地。由平成4年開始創下連續五年全日本最高漁獲量紀錄。近年螃蟹的捕獲量亦為日本數一數二；濱田港位於島根縣濱田市，其主要的漁獲有鰈魚、紅鱸、鮟鱇魚、鰺魚、鯖魚等。

山口縣的下關港為著名的河豚聚集地。戰後曾有一段時間該港的漁獲量為日本最高，是具傳統文化的漁港。當地被稱為「彥島水門」的下關漁港閘門，是全世界最小的巴拿馬運河式水門，在建築迷間十分出名。

宍道湖的蜆產量也是日本最高

在山陽地區，尤以瀨戶內海沿岸地區的養殖漁業最為興盛。最有名的即是廣島灣的牡蠣，其產量雄霸全國。

另一個牡蠣產量也在日本前段的，即是隔壁的岡山縣；山陰地區也有以養殖漁業著名的地點——島根縣的宍道湖，宍道湖大量養殖的蜆使島根縣的蜆產量常居日本首位。

全日本螃蟹捕獲量最高的地方在鳥取縣

螃蟹捕獲量(t)		灰眼雪蟹		紅眼雪蟹	
	2016	兵庫	1,016	鳥取	3,809
		鳥取	939	島根	2,900
		北海道	894	新潟	2,406

螃蟹捕獲量(t)		灰眼雪蟹		紅眼雪蟹	
	2015	兵庫	1,064	鳥取	3,977
		北海道	977	島根	3,085
		鳥取	932	兵庫	2,409

螃蟹捕獲量(t)		灰眼雪蟹		紅眼雪蟹	
	2014	兵庫	1,198	鳥取	4,314
		鳥取	900	島根	3,285
		北海道	753	新潟	2,417

農林水產省

中國地區是漁業大國！

境港
螃蟹

濱田港
鰈魚、鯖魚、鰺魚、
紅鱸、鮟鱇魚

山陰地區

島根

宍道湖
蜆

鳥取

中 國

岡山

日本海

廣島

山陽地區

播磨灘
牡蠣

山口

下關港
河豚

廣島灣
牡蠣

北海道地區

東北地區

關東地區

中部地區

近畿地區

中國地區

四國地區

九州、沖繩地區

工業

化學工業比例高

由軍事用地與鹽田等所誕生的瀨戶內工業區

全日本最大的煉油廠在倉敷市

說到中國地區的工業，便會聯想到瀨戶內工業區。便利的海運、土地轉用戰爭時代的軍事用地以及鹽田、造地容易等原因，使該地易發展為大型工業區。

雖皆有生產機械、金屬、化學、食品工業等，但是與日本國內其他工業區相比，其化學工業的比率較高，化學工業比率次高的則是京葉工業區。

岡山縣倉敷市的水島聯合工業區，則是日本具代表性的重化學聯合工業區。近年來是受到高度歡迎的夜景風景區。另外擁有全日本最大的煉油廠。

過去曾為軍港的廣島縣吳市則是造船業極為興盛。由於可以參觀造船廠，使此地至今仍是一大觀光景點。廣島縣瀨戶內海沿岸東邊的福山市，也是一大工業城市。除了鋼鐵等典型的產業，意外的是其餐盤與牛仔布料的生產量也為日本最高。

廣島東洋鯉魚的東家──馬自達

同樣位在廣島縣的府中町為汽車製造商馬自達（MAZDA）的企業重鎮，其公司名稱曾為東洋工業。在社團法人日本棒球機構中受歡迎的球隊──廣島東洋鯉魚隊，即是由馬自達松田家所創辦。

山口縣的秋吉台由石灰岩地形所構成，由此地石灰岩加工製造的即是水泥。山口縣宇部市及山陽小野田市小野田地區的水泥工業，極為蓬勃。山陽小野田市甚至有「水泥鎮」的別稱。

北海道地區

東北地區

關東地區

中部地區

近畿地區

中國地區

四國地區

九州、沖繩地區

中國地區的工業區與傳統工藝品

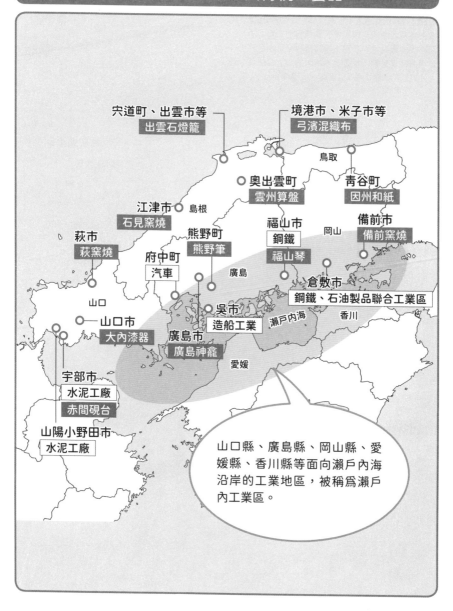

宍道町、出雲市等
出雲石燈籠

境港市、米子市等
弓濱混織布

鳥取

奧出雲町
雲州算盤

青谷町
因州和紙

江津市　島根
石見窯燒

福山市
鋼鐵

備前市
備前窯燒

萩市
萩窯燒

熊野町
熊野筆

岡山

福山琴

府中町
汽車

廣島

倉敷市
鋼鐵、石油製品聯合工業區

山口

吳市
造船工業

瀨戶內海

香川

山口市
大內漆器

廣島市
廣島神籤

愛媛

宇部市
水泥工廠
赤間硯台

山陽小野田市
水泥工廠

山口縣、廣島縣、岡山縣、愛媛縣、香川縣等面向瀨戶內海沿岸的工業地區，被稱爲瀨戶內工業區。

中國地區的觀光

廣島縣的宮島為日本三景之一，其嚴島神社被聯合國教科文組織認證為世界遺產。從海拔535公尺的彌山上眺望聳立在瀨戶內海的島嶼，使人流連忘返；為了不讓人忘記和平的重要性，廣島原爆穹頂也登錄為世界遺產。島根縣的石見銀山曾是日本最大銀山，也是世界遺產，可謂是充滿世界遺產的地區。（編輯部）

竹島
島根縣

隱岐諸島　島後　島
島前

① 鳥取砂丘 @鳥取縣

日本最大規模的砂丘，可以看到由大自然創造出的奇幻「風紋」與「砂漿」。可運動、乘坐駱駝環遊，是個擁有各式各樣體驗的砂丘。

相片提供：鳥取市旅遊促進課

隱岐海峽

足立美術館庭園

玉造溫泉
島根半島
松江
出雲　宍道湖　中海 ⑤
③ 日御碕 ⑥
石見銀山
（世界遺產）
出雲平野
斐伊川

日本海

三瓶山

道後山
比婆山　比婆道後帝
江の川
島根縣

浜田

石見高原

三次　三次盆地　神石
高津川
中國山地
西中國山地
國定公園　廣島城
廣島縣

角島大橋
萩城遺跡
青海島　仙崎湾
恐羅漢山　冠山　太田川
冠山山地
芦田川
油谷湾
北長門　萩
長門　海岸国定公園
高山
益田
廣島平野
東廣島
三原
尾道

秋吉台
（喀斯特台地）
秋吉国定公園
廿日市
廣島
山口縣
山口
宮島
⑦

呉
芸予諸島
新居

左波川
防府
山口盆地
防府
周南
岩国
廣島湾
安芸灘
今治
瀨
燧灘

下關
嚴流島
關門海峽
宇部
柳井
防予諸島
高縄半島
西条

北九州
周防灘
屋代島
松山
松山平野
石鎚山　笹
石鎚山地

福岡縣
行橋
大分縣
伊予灘
愛媛縣

国東半島

② 岡山後樂園 @岡山縣

由岡山藩藩主──池田綱政在江戶時代所建造的著名庭園。為日本三大名園之一，故有許多觀光客造訪。由於夜間特別開放參觀，可享受一年四季不同的明媚風景。

相片提供：岡山縣後樂園管理事務所

③ 出雲大社 @島根縣　世界遺產

日本最古老的神社建築，主神是祭拜主宰緣分的大國主大神，受到能量旅行愛好者相當高的歡迎。1900年列為重要文化財產，於1952年列為國寶。

相片提供：出雲大社總務課

④ 嚴島神社 @廣島縣　世界遺產

以平安時代的美麗寢殿造為主體而廣為人知，是日本首屈一指的神社。全日本約有500座嚴島神社分靈的總本社。與廣島原爆穹頂一起於1996年登錄為世界遺產。

相片提供：Shutterstock

⑤ 水木茂街道 @鳥取縣

JR境港站外有一條約800公尺的「水木茂街道」。由於該街道有多達177尊的妖怪青銅像，如同進入《鬼太郎》的世界般，讓人流連忘返。

相片提供：水木茂紀念館 ◎水木工作室

⑥ 松江城 @島根縣

別名為「千鳥城」，2015年被指定為國寶。以坐船遊城地的「環遊松江堀川」為著名的遊玩方式，可從最高層的天守閣眺望松江美景。

相片提供：Shutterstock

⑦ 松下村塾 @山口縣

江戶時代末期（幕末），由身為長州藩士吉田松陰於萩市所開辦的私塾。位於松陰神社境內，培育出成功推動明治維新的人才，如久坂玄瑞、高杉晉作、伊藤博文等。

相片提供：松陰神社社務所

三德山三佛寺
（投入堂）

天神川　円山川

千代川　豊岡
鳥取　①

大山隱岐國立公園　湖山池　鳥取平野　氷ノ山後山那岐山國定公園

大山　倉吉　鳥取縣　氷ノ山

蒜山　三國山　中國山地　兵庫縣

園　津山　市川

津山盆地　揖保川

吉備高原　岡山縣　赤穂　姬路

倉敷美觀地區

高梁川　岡山　岡山平野　兒島灣　家島諸島

倉敷　兒島半島　小豆島　播磨灘

水島灘　鹽飽諸島　淡路島

坂出　高松　鳴門海峽　洲本

丸龜　讚岐平野　香川縣

大川山　讚岐山脈　鳴門　吉野川

德島平野　德島　小松島

三好　德島縣　阿南

四國中央　劍山　蒲生田岬

四國山地　三嶺　劍山地

高知縣

中國地區的交通

山陽高速公路與中國高速公路幾乎為平行東西走向；鐵路由山陽新幹線與東海道新幹線交織成西日本的交通大動脈。由於目前山陽高速公路島根縣路段尚未開通，整體而言，其交通網路仍較集中於山陽地區。

現在主要連結本州與四國的幹道有三條，其中兒島—坂出幹道、尾道—今出幹道連結中國地區與四國；與關西的神戶—今治幹道，三條為連接本州與四國的橋梁。（編輯部）

竹島

島根縣

出雲機場

圖例

———	新幹線
·····+·····	JR線
———	私鐵線
———	高速公路
———	汽車專用道
———	其他道路

松江自動車道

島根縣

濱田自動車道

浜田

石見空港　益田

山口線、隱岐號列車線

可部線

廣島

萩

錦川鐵道
錦川清流線

廿日市　宮島渡輪港

山口縣

美禰線

山口

中國自動車道

岩國飛行場

岩國

關門自動車道

周南

岩德線

呉

下關

防府

柳井

山陽本線

北九州

小野田線

宇部

宇部線

山口宇部機場

福岡縣

行橋

隠岐の島
隠岐空港

美保飛行場
境線
山陰本線
鳥取空港
鳥取豊岡宮津自動車道

松江
米子
倉吉
鳥取
豊岡

木次線
山陰自動車道
鳥取県
若櫻鐵道若櫻線

伯備線
米子自動車道
因美線
中國横斷自動車道
姫路鳥取線

兵庫県

芸備線
中國自動車道
津山
姫新線

新見
津山線
岡山県
智頭急行
智頭線

三次
岡山自動車道
姫路
加古川

尾道自動車道
岡山空港
赤穂

山陽新幹線
岡山
赤穂線

井原鐵道井原線
倉敷
桃太郎線(吉備線)

福塩線
宇野港線(宇野線)
廣島空港
瀬戸内中央自動車道

三原
福山
瀬戸大橋線(本四備讃線)

尾道
山陽自動車道
坂出
高松
洲本

尾道福山自動車道

瀬戸内島並海路線
(西瀬戸自動車道)
丸亀
香川県

今治
鳴門

新居浜
四国中央
三好
徳島
小松島

西条
高知県
徳島県
阿南

愛媛県

自古代卽染上多彩歷史的中國地區

創國神話的出雲與明治維新的長州

天照大神與禪讓國家的大國主命

山陰雖然不能稱作是現在的日本中心，但這裡卻是神話中日本其中一個發源地。

被稱作大黑樣的大國主命為伊弉諾、伊弉冉之子，天照大神之弟弟素戔嗚尊的血脈。他所治理的國家為豐蘆園中津國，經歷一番波折，最後終於將此地禪讓給了天照大神。由於本地奉祀大國主命，在能量旅行蔚為風潮的日本，被稱為大社的出雲大社受到了矚目。

有趣的是，在山陽地區的岡山也有類似的讓國神話。在岡山縣總社市有一座山城，原本是一位名為溫羅的惡鬼所占領的鬼城，為了討伐惡鬼，大和朝廷派遣了吉備津彥命前去征討。

這個神話與桃太郎的主題雷同，溫羅為當時大和朝廷的敵人，如同惡鬼般的存在，當然惡鬼這種生物基本上並不存在，單純為成王敗寇、勝者對敗者的一種蔑稱。但說不定也可能是對於敵人的頑強與威脅抱持敬意，才稱呼為鬼。

當然這些故事都是神話與傳說，但是從流傳於此地的創國神話來看，可以推測以這些主題為背景的故事其真實性可能較高。

出雲大社（相片：Shutterstock）

神話中所流傳的中國地區

出雲市
神話
大國主命所統治的
豐蘆原中津國

中國地區
1550年代
由毛利元就統一，形成一
股極大勢力。

周防國
1508年
由大內義興支持足利
義材後，形成一股足
以上洛的勢力。

鳥取

島根

岡山

廣島

山口

總社市
神話
吉備津彥命討伐
溫羅（惡鬼）

瀨戶內海
936～941年
發生藤原純友叛亂
1551年前後
出現一批稱為村上水
軍、令人聞風喪膽的
海盜

廣島市
1894年
建置了具有戰時指揮
功能的臨時機關——
廣島大本營
1945年
因美國原子彈攻擊
而蒙受重大災害

北海道地區

東北地區

關東地區

中部地區

近畿地區

中國地區

四國地區

九州、沖繩地區

對於大和朝廷或是後來因朝廷形成的地方大族勢力而言，現在中國地區的地方勢力可謂是一大頑強的敵對勢力。

幽禁後醍醐天皇的隱岐島

平安時代，雖然貴族勢力的強大令人印象深刻，但是平安後期武家勢力抬頭，其轉折點即是當時反叛大和朝廷的海盜首領——藤原純友所引起的叛亂。

為了打擊海盜勢力，原為貴族的藤原純友被朝廷派遣至瀨戶內海，但是後來他卻成為海盜的首領起身反叛朝廷，在瀨戶內海製造戰亂。與當時在關東叛亂的平將門最後一起被政府軍鎮壓，自此純友便理解到武士強大的能力。

導致鎌倉幕府滅亡的後醍醐天皇，曾暫時被監禁在島根縣外海的隱岐島。當然，當時醍醐天皇完全沒有退位之意，因此也能解釋為什麼當時的天皇御所在隱岐。

室町時代，在瀨戶內海使人聞風喪膽的海盜——村上水軍。同一時期以中國地區為根據地的強大大名也陸續登場。其中於1508年，大內義興擁立被迫下台的前任將軍上洛，並以其為後盾與室町幕府爭權，取得可觀利益。從此大內家的領地山口被稱為西方京城，在經濟與文化上發展繁盛。

後來取代大內家統一中國地區的大名為毛利元就，但是毛利死後由於其家族在關原之戰中投靠豐臣家的西軍，戰後領地被江戶幕府大幅削減。

關原之戰的遺恨在明治維新得到洗刷

因關原之戰所造成的遺恨在幕府末期得到洗刷。長州藩征伐幕府軍超過兩次皆被擊退，與原為敵人的薩摩藩結盟後，成功使幕府倒台。之後也成為明治政府中的一大派系。

在新政府主導的富國強兵政策下，由於便利的海運使得該地成為重要軍事要塞，並在廣島設置為了指揮戰爭所成立的臨時機關「大本營」，曾有一段時間明治天皇也移駕大本營，帝國議會亦在此開議。

四國地區
Shikoku

北海道地區

東北地區

關東地區

中部地區

近畿地區

中國地區

四國地區

九州、沖繩地區

香川縣（縣廳所在地：高松市）

人　　口	976,263 人
面　　積	1,876.72 ㎢
戶　　數	398,551 戶
人 口 密 度	520.2 人 / ㎢
高齡者人口	286,296 人
高齡人口比例	29.9%

愛媛縣（縣廳所在地：松山市）

人　　口	1,385,262 人
面　　積	5,676.11 ㎢
戶　　數	591,972 戶
人 口 密 度	244.1 人 / ㎢
高齡者人口	417,186 人
高齡人口比例	30.6%

德島縣（縣廳所在地：德島市）

人　　口	755,733 人
面　　積	4,146.65 ㎢
戶　　數	305,754 戶
人 口 密 度	182.3 人 / ㎢
高齡者人口	230,914 人
高齡人口比例	31%

高知縣（縣廳所在地：高知市）

人　　口	728,276 人
面　　積	7,103.93 ㎢
戶　　數	319,011 戶
人 口 密 度	102.5 人 / ㎢
高齡者人口	237,012 人
高齡人口比例	32.8%

根據「平成 27 年國勢調查」

由四個令制國組成的四國

與本州有深刻連結的四國各縣

讚岐、阿波、伊予、土佐

四國四面環海，北接瀨戶內海，西臨宇和海，南面黑潮流經的太平洋，東迎紀伊水道。雖然曾經被人形容像是澳大利亞大陸，但是四國的東西方較寬且細長。

如同四國名字所顯示，其由來是從四個令制國：讚岐國、阿波國、伊予國、土佐國構成，以現在的地理對應為香川縣、德島縣、愛媛縣、高知縣。一般難以用東西南北形容，多用上下左右表示其地理位置。右上方較小的縣市是以讚岐烏龍麵以及滿濃池為主的水庫而著名的香川縣，其縣廳所在地為高松市。

香川縣下方則是以阿波舞以及鳴門漩渦而聞名的德島縣，縣廳在德島市。左上方看起來斜斜的縣，則是以《少爺》以及《坂上之雲》為背景而為人熟知的愛媛縣，其縣廳在松山市。然後，其下方如同拱門般橫跨東西的縣，則因坂本龍馬而受到歡迎的高知縣，其縣廳為高知市。

為何與本州隔著海的四個縣，會被認為與本州關係緊密，原因是四國各縣與四國以外的各都道府縣往來皆十分密切。

由於香川縣的瀨戶大橋從坂出連結到岡山縣倉敷市兒島，因此當地方言也帶有關西腔，與同樣說著關西腔的岡山縣、兵庫縣、大阪府方面的交流十分密切。

其南邊的德島縣則是利用大鳴門橋與明石海峽大橋，可不經由香川縣連結淡路島直接抵達兵庫縣，直接通往關西。

愛媛縣除了可走陸路從今治及松山經由島並海道，穿越瀨戶內海各島嶼抵達廣島縣尾道市之外，也可走水路從八幡濱搭乘渡

四國與中國、關西地區

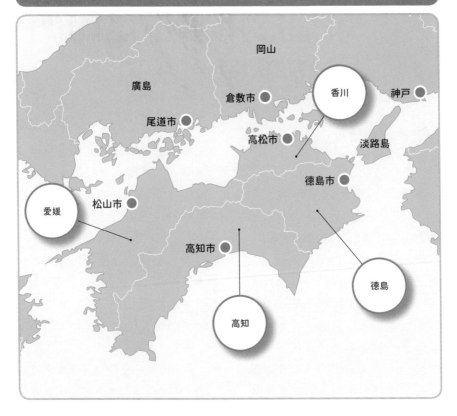

輪前往九州大分。或者從四國玄關口松山機場搭乘飛機，乘坐國內線抵達日本各地。

最後是高知縣，雖然曾聚集全日本的渡輪在此地接駁，如今因燃料費高漲等原因，使得許多海運路線廢棄。但此處航空運輸仍十分方便，例如從高知龍馬機場到東京的班機只需一小時，因此，許多當地學子或上班族不會前往四國其他縣、大阪求學或上班，會直接前往東京。

考量交通路線便利性及其遠近，在重視效率的今天是再自然不過的。

中國山地與四國山地所引起的乾空氣

煩惱於用水不足的讚岐平原

夏季熱到難以忍受的高知

由於四國沒有連接日本海沿岸，相較於日本各地，其位置偏南方，整年溫暖，容易生活。

但因屬於瀨戶內海式氣候，其實有著相當大的問題——降雨不足。瀨戶內海沿岸被中國山地與四國山地包圍，無論夏天或冬天都形成一道堅固的防風牆。充滿水氣的風越過山脈時，造成水氣流失，使得越山而下的風皆為乾空氣，不管是夏天還是冬天皆是乾空氣，導致瀨戶內陸地區全年降雨皆不足。

受到降雨不足嚴重影響的地區為讚岐平原。瀨戶內沿岸沒有大河流流經，為此，古代的讚岐為了確保水源充足，據說延請弘法大師空海參與修築滿濃池等許多水庫。

但是，水庫能發揮的作用非常有限。於是鄰縣德島縣以早明浦水壩作為水源，建造了從吉野川流經地下涵洞的調節水道「香川用水」，從香川用水引進的貴重水資源用於農業、工業與生活。「琵琶湖的水是靜止的吧。」這句有名的地理玩笑話在香川變成：「香川用水是靜止的吧。」可見這句玩笑話代表該地居民對其依賴度之高。

另一方面，高知縣面臨太平洋沿岸，屬於典型的太平洋沿岸式夏季季風氣候，降雨十分充足。不過夏天也熱得令人難受，西南部的四萬十市在2013年8月時，創下日本國內觀測史上有史以來最高溫達41.0度，一度成為話題。

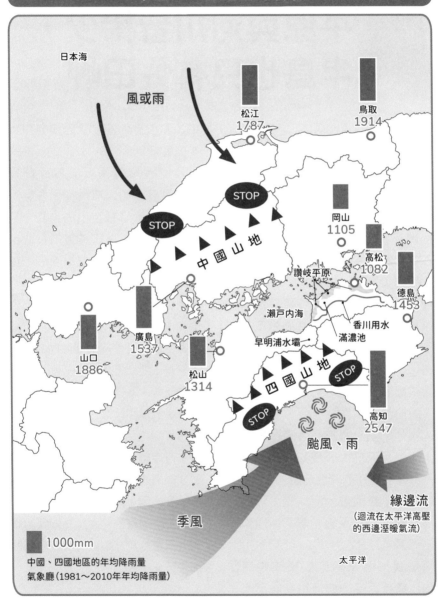

中國、四國地區的氣象

日本海

風或雨

松江
1787

鳥取
1914

STOP

STOP

中國山地

岡山
1105

高松
1082

讚岐平原

德島
1453

瀨戶內海

山口
1886

廣島
1537

松山
1314

早明浦水壩

香川用水

滿濃池

四國山地

STOP

STOP

高知
2547

颱風、雨

季風

緣邊流
(迴流在太平洋高壓
的西邊溼暖氣流)

太平洋

■1000mm

中國、四國地區的年均降雨量
氣象廳(1981～2010年年均降雨量)

北海道地區

東北地區

關東地區

中部地區

近畿地區

中國地區

四國地區

九州、沖繩地區

全域被海水包圍但有山地矗立

平原與河川皆稀少，半島也只有佐田岬

從高知足摺岬到室戶岬需要五小時

四國雖然周圍被大海包圍，但其實也有山地矗立。幾乎位在中心地帶、高且險峻的四國山地東西貫穿四國。

平原比例低，雖然有讚岐平原、德島平原、松山平原與高知平原散布於各縣，但範圍皆不寬廣。曾經住在四國或體驗過「遍路」（參拜朝聖之旅）的朋友應該很有感觸。四國其實是個山國！

四國的山地險峻、平原狹窄，因腹地範圍小且靠近大海，沒有大型河流流經。即使如此四國也是有聲名遠播的著名河川。

首先是四國最大的河流。源自高知縣流經德島縣、暱稱為四國三郎的河川「吉野川」。比起香川縣居民，德島縣更依賴這條河川。靠近太平洋的河川為四萬十川，注入土佐灣，是高知縣引以為傲的清流。

因被大海包圍，半島比例極低。最有名的大概是從愛媛縣西部向九州大分縣突出的半島——佐田岬半島，是日本最細長的半島。過去陸上道路極端險惡，也被稱為陸上孤島。

靠近太平洋沿岸、往土佐灣東西向突出的是，西邊的足摺岬與東邊的室戶岬，雖然兩個海岬同為高知縣管轄，距離卻很遙遠。除了地理上的距離，高知縣除部分地區外，其他由於環境因素，鐵路與高規格公路可謂不足，從道路方面來說也有一段距離，光是駕車要花五個鐘頭才能抵達。但若從東京坐飛機，不論哪一個海岬皆能抵達。雖然如此大規模的移動範圍是高知縣的魅力，但是對於該地區的行政來說卻很辛苦。

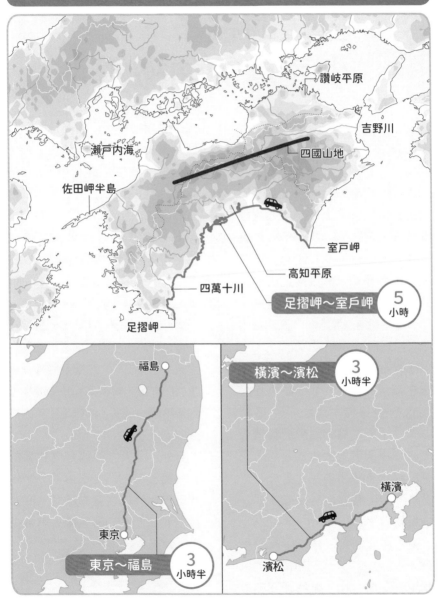

比較與其相同距離的其他地區吧！

讚岐平原

吉野川

瀨戶內海

四國山地

佐田岬半島

室戶岬

高知平原

四萬十川

足摺岬~室戶岬 ⑤小時

足摺岬

福島

橫濱~濱松 ③小時半

橫濱

東京

濱松

東京~福島 ③小時半

北海道地區

東北地區

關東地區

中部地區

近畿地區

中國地區

四國地區

九州、沖繩地區

農林業

高知的森林覆蓋率日本第一

愛媛的橘子、小豆島的油橄欖

高知由二期農作到促成栽培

說到四國的農業，第一個聯想到的是愛媛橘子。自1968年領先靜岡縣後，連續36年橘子的收成量皆為日本第一，後來於2004年被和歌山縣超前。除了典型的橘子外，還有伊予蜜柑、椪柑、河內晚柑、奇異果等也是全日本高產量的縣，說是柑橘王國也不為過。

隸屬香川縣的小豆島是一座聳立在瀨戶內海的島嶼，該島種植大量的油橄欖。油橄欖用途眾多，除了製成橄欖油用於料理或美容，榨取後的橄欖渣還能做成牛飼料等畜牧用產品。另外，也有許多觀光客特地登島欣賞成片的橄欖樹林。

南方高知的太平洋沿岸高知平原，截至1970年代利用溫暖的氣候進行二期稻作。雖然好不容易

進行二期稻作，後卻因日本稻米過剩，政府採取抑制稻作政策，不少農家將二期稻作改以蔬菜的促成栽培方式種植。

一般在出貨前利用溫室栽培，等到價格較高時再出售是其優點。但是在燃料費高漲以及在室溫的管理、運費等影響下，如何將成本與收益達成平衡十分重要。

東部的安藝市、高知市春野及土佐市、須崎市等中西部種植茄子、甜椒、小黃瓜等；中部及西部種植生薑、韭菜、黃秋葵等。由於種植許多不同的蔬果，使得高知縣的農產收成量皆居日本前段。

另外，令人意外的是高知縣的森林覆蓋率亦為全日本第一，為什麼不以林業為基本產業的高知縣能有如此高的覆蓋率，有機會請大家來高知縣一探究竟！

愛媛的柑橘類 <small>(相片：Shutterstock)</small>

伊予柑
（生產量32,821t）

伊予柑的名稱源自伊予國名產地，皮厚且多汁。愛媛伊予柑的市占率為全國90%。

椪柑
（生產量8,607t）

香味與甜味都比橘子更強烈。比起椪柑名產地鹿兒島，愛媛的椪柑在全日本市占率高達37%，為全國第一。

河內晚柑
（生產量7,938t）

類似夏日當季水果葡萄柚，但沒有苦味。愛媛的河內晚柑市占率為全日本第一，占72%。

（農林水產省 平成26年）

全國森林覆蓋率排行

1	高知縣	84%
2	岐阜縣	81%
3	長野縣	79%
4	山梨縣	78%
	島根縣	
5	奈良縣	77%
	岩手縣	

森林面積
5,538,447ha
森林率
71%

北海道

森林面積
595,032ha
森林率
84%

高知

比起擁有廣闊大自然的北海道，森林遍布範圍更密集！

林野廳 平成29年

北海道地區

東北地區

關東地區

中部地區

近畿地區

中國地區

四國地區

九州、沖繩地區

水產業

不過度捕撈仍可獲取優質漁獲的單鉤釣法

宇和海的恩賜與高知鰹魚

宇和海的珍珠與眞鯛養殖爲日本第一

愛媛縣與大分縣間的海峽稱作「豐後水道」，該水道靠近愛媛的稱為宇和海。從佐田岬半島以南大概到高知縣的海岸線，是有大量入海口的沉降式海岸。此地區盛行養殖珍珠，近年在日本各都道府縣間奠定首位。

順道一提，珍珠產量第二的是曾與愛媛縣激烈爭取第一的長崎縣大村灣。第三名則是全世界第一位用阿古屋貝成功養殖的御木本幸吉的故鄉三重縣。這三個縣合計生產超過日本九成的珍珠。

宇和海的真鯛養殖也相當興盛，時常是全日本第一。宇和海可説是不只對當地居民，更是對日本人充滿恩賜的大海。

説到四國的漁業，每個人都會馬上聯想到土佐的鰹竿釣。對於被大海包圍的漁業大國日本來説，雖然有許多捕撈漁獲的方式，不管是定置網、底曳網、圈網、延繩法、拖網法等大多都是運用網子捕魚。單鉤釣法則與一般的釣魚一樣，用魚標及釣魚線一隻一隻慢慢釣上來。雖然效率不高，卻能有效防止過度捕撈，也能減少魚身損傷並保持完整。但令人意外的是，高知縣的鰹魚漁獲量並非最多，應該是因單竿釣的漁船會乘著黑潮（日本暖流）北上追逐鰹魚。為了保持漁獲鮮度，卸貨漁港並不會限定在高知縣內的漁港，因此，漁船母港與卸貨漁港經常不同，也可看出漁民們互相幫忙的重要性。

四國的水產業

珍珠養殖收獲量 (kg)

	大珍珠	中珍珠	小珍珠	微型珍珠
三重	1,689	1,800	446	339
愛媛	5,645	1,968	4	
佐賀	99	144		
長崎	2,786	4,337		
熊本	82	394		
大分	19	225	7	
鹿兒島	109			

世界上第一位成功利用阿古屋貝人工養殖珍珠的，是英虞灣的御木本珍珠。但是長年生產量第一的是愛媛縣宇和海的珍珠。大珍珠的產量以壓倒性差距擊敗英虞灣。順帶一提，大珍珠的判別標準是指直徑8mm以上的珍珠。

農林水產省 平成28年

北海道地區
東北地區
關東地區
中部地區
近畿地區
中國地區
四國地區
九州、沖繩地區

紀貫之、空海探訪的四國

京城掌權者背後的強力支持者

在屋島建立據點的平家一族

過去曾鄰近日本中心畿內的四國，歷史相當悠久。《古今和歌集》編輯者與遊記《土佐日記》的作者紀貫之、弘法大師空海等人，從古代到中世紀曾有不少名人探訪四國。

平安時代末期，被木曾義仲擊破並淪陷的平家一族，伴隨著年幼的安德天皇在屋島建立據點。雖然只有一陣子，但這時的天皇御所可以說是在四國。

室町時代末期，統一天下的足利幕府因爭奪家督而弱化，於是權力落到出生於現在德島縣三好市的三好長慶。同一時期，在阿波國平島，同為足利氏與足利義輝對立的堺公方在此建立據點，被稱為平島公方。這段期間，天下的一舉一動皆聚集在四國，可謂風起雲湧。

進入戰國時代，土佐的戰國大名——長宗我部元親平定四國，但是敗給了已經準備統一日本的豐臣秀吉，土佐一國的餘黨便歸順於秀吉。

在關原之戰被消滅的長宗我部家

元親的後繼者四兒子盛親，原先於關原之戰中打算與家康結成同盟，最後仍選擇加入西軍。最後西軍被東軍打得體無完膚，長宗我部家的領土也被沒收。

之後進入土佐的人是從掛川更改封國取代長宗我部一族的山內一豐。山內一族支配下的土佐藩視山內麾下的家臣為上等士族，蔑視長宗我部舊部較低階的鄉士士族。

土佐藩在幕末歷史上躍上舞台。幕末四賢侯之一的土佐藩主

四國的城郭MAP

川之江城
1337年築城
👤土肥義昌

丸龜城
1597年築城
👤生駒親正

今治城
1602年築城
👤藤堂高虎

湯築城
1335年築城
👤河野氏

高松城
1590年築城
👤生駒親正

松山城
1602年築城
👤加藤嘉明

德島城
1585年築城
👤蜂須賀家政

大洲城
1331年築城
👤宇都宮豐房

高松藩
讚岐

德島藩

松山藩

阿波

伊予

土佐

高知城
1601年築城
👤山內一豐

安藝城
1308年築城
👤安藝親氏

川島城
1572年築城
👤川島兵衛之進

大洲藩

土佐藩

宇和島藩

土佐灣

宇和島城
1601年築城
👤藤堂高虎

中村城
築城年不明
👤爲松氏

岡豐城
13～14世紀左右築城
👤長宗我部氏

日和佐城
室町時代築城
👤日和佐肥前守

山內容堂與板垣退助、後藤象二郎積極向江戶幕府提議大政奉還，以及脫藩藩士的坂本龍馬暗中活躍奏功，對於倒幕運動產生極大戰果，最終使江戶幕府第十五代將軍德川慶喜實施大政奉還。

身為薩長土肥四藩其中一藩的土佐藩，雖然在倒幕運動中有相當大的貢獻，但是明治政府的主導權仍掌握在薩摩與長州二藩身上。進入昭和時代後，高知縣出身的濱口雄幸、高知選舉區的吉田茂、德島縣出身的三木武夫、香川縣出身的大平正芳等首相輩出。

北海道地區

東北地區

關東地區

中部地區

近畿地區

中國地區

四國地區

九州、沖繩地區

6 高知城 @高知縣

現存十二天守閣

山內一豐在慶長8年完成建造高知城主城與二城。但在享保12年，外城市鎮發生火災，除了追手門外其餘城郭皆燃燒殆盡。於寶曆3年，依照原貌再次重建，至今被選為日本百大名城之一。

相片提供：高知城管理事務所

7 四萬十川 @高知縣

流經高知縣西部的一級河川，是四國最長的河川，流域僅次於吉野川。主流並沒有水壩等阻擋，由於採取許多景觀保護措施，使河流與人類共生共存，因此被稱為「日本三大清流之一」。

相片提供：四萬十市觀光協會

四國地區的觀光

四國是傳統舞蹈與祭典的重鎮，在許多大型祭典中，最有名的便是德島阿波舞以及高知夜來祭。以上兩者不只有眾多的觀光客參加，來自全國各地的模仿活動亦隨之出現。

四國也是古城迷垂涎的地方。現存的12個天守閣中有三分之一，也就是有四個天守閣集中在四國，即丸龜城、宇和島城、松山城與高知城，不管到哪個古城都能盡興參觀。

來趟有名的讚岐烏龍麵店巡禮也不錯，再搭乘高松琴平電氣鐵道前往金刀比羅宮參拜金刀比羅大神。

地圖標示：
岡山平野、兒島半島、直島、栗林公園、坂出、高松、讚岐平野、香川縣、讚岐山脈、大川山、丸龜城、現存十二天守閣、葛橋、劍山、劍山地、三嶺、甚吉森、平洋、室戶、寒霞溪、小豆島、天使路、四國御遍路第一巡禮點靈山寺、德島平野、吉野川、德島、小松島、德島縣、那賀川、阿南、蒲生田岬、播磨灘、鳴門海峽、大鳴門橋、鳴門、淡路島、洲本、紀伊水道、兵庫縣

① 大鳴門橋 @德島縣

位在兵庫縣南方淡路市福良丙（淡路島門橋）與德島縣鳴門市（大毛島孫崎）間的鳴門海峽最狹窄處的吊橋。步道上建有可從漩渦上方45公尺處眺望的眺望台。

相片提供：一般財團法人德島縣觀光協會

② 松山城 @愛媛縣

現存十二天守閣

在松山市中心勝山（海拔132公尺）上所建的松山城。由加藤嘉明建造，為四國首屈一指的古城。在「日本百名城」、「日本各地美麗歷史風景百選」、「日本賞櫻名所百選」、「日本歷史公園百選」中皆有紀錄。

寫真提供：松山城總合事務所

③ 金刀比羅宮 @香川縣

坐鎮在琴平町象頭山中間的神社。一般稱為金刀比羅大神，也是全國的金刀比羅宮、琴平宮的總本社。以綿延山路的石階最為有名，若要進到神社最深處，需要攀登1,368階石階！

相片提供：金刀比羅宮 文書廣告課

④ 阿波舞 @德島縣

於德島縣（舊名阿波國）流傳出來的盆舞，是日本三大盆舞之一。一到夏天，德島縣縣內各地的市町村便會開始舉辦阿波舞祭。之中最有名的就是德島市阿波舞祭，是日本國內最大規模、也最有名的祭典，被認為是四國三大祭典之一。

相片提供：一般財團法人德島縣觀光協會

⑤ 道後溫泉 @愛媛縣

在松山市（舊名伊予國）湧出的溫泉，是《日本書記》中所記錄日本最古老的溫泉，被稱為日本三大古溫泉之一。夏目漱石的小說《少爺》即以此為背景，是愛媛縣具代表性的觀光區。

相片提供：道後溫泉事務所

四國地區的交通

瀬戸內島
並海道
(西瀬戸自動車道)

今治小松
自動車道

松山空港

内子線

松山自動車道

予土線

土佐黑潮鐵道
中村線、宿毛線

広島県
東広島
三原
尾道

山口県
岩国
南
柳井

今治
新居浜
西条

松山

愛媛県

八幡浜

宇和島

須崎

四万十
宿毛

佐伯

大分県

瀬戶大橋線 (本四備讚線)
瀬戶中央自動車道
神戶淡路鳴門自動車道
高德線
岡山縣
倉敷
岡山
兵庫縣
洲本
坂出
高松
高松空港
香川縣
鳴門
鳴門線
高松自動車道
德島飛行場
予讚線
德島高速公路
德島
小松島
德島線
四國橫斷自動車道
阿南四萬十線
德島縣
高知自動車道
阿南
四国中央
阿南安藝高速公路
牟岐線
高知縣
高知東部
自動車道
高知空港
高知
室戶
高知自動車道
土佐黑潮鐵路
後免·奈半利線

由於四國四周被大海包圍，每個縣皆有建置機場，陸
路亦有三條主要幹道連結本島，瀬戶內海沿岸意外有
許多道路可使用。
另外新幹線並沒有經過四國，但曾開通過許多渡輪航
路，現在也逐漸減少，之後可能會讓渡輪復出吧。

圖例	
━━━━━	新幹線
┅┅┅┅┅	JR線
━━━━━	私鐵線
━━━━━	高速公路
━━━━━	汽車專用道
━━━━━	其他道路

遍布瀬戶內海沿岸的工業地帶

從石化工業綜合體到食品冷凍工業

工業

番州臨海工業區的石化工業綜合體

遍布瀬戶內海沿岸的工業地帶稱為瀬戶內工業區，瀬戶內海沿岸由於曾是鹽田，所以可輕易入手大量土地，外加便利的水運，有利於發展工業。

工業地帶從北邊的中國地區工業帶，延伸至南邊靠近四國工業帶，兩邊皆遍布工業區，在此先介紹靠近四國的工業區。

橫跨香川縣的坂出市與宇多津町的臨海工業區為番州臨海工業區，以石化工業綜合體為主軸，由於瀬戶中央高速公路穿越正中，陸路交通也相當方便。

市占九成的團扇與手套製造

隔壁的丸龜市以製造傳統手工藝品著名，日本製團扇中有九成是丸龜市製造，具有壓倒性的市占率。

另外，市占率達九成還有另外一項，即香川縣與德島縣交界處的東香川市所製造的手套，是連職業運動選手都愛用的手套。由於幾乎可以說全部的手套都由東香川市製造，該市可謂是支撐日本運動界背後的力量。

冷凍食品則以觀音寺市、三豐市、坂出市、讚岐市與縣內各工廠負責，這裡的冷凍乾燥工業也是日本有名。

愛媛縣也是僅次於靜岡縣的紙漿王國，其中平成行政區合併政策後誕生的愛媛縣四國中央市所製造的紙漿，已凌駕於靜岡縣富士市所製造的紙漿量，成為日本最多的紙漿出貨量。

四國地區的工業

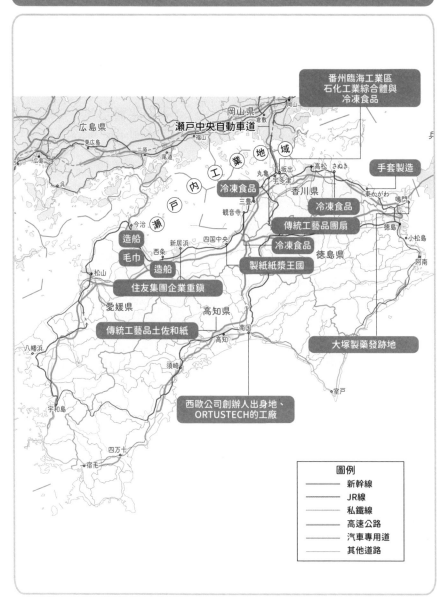

番州臨海工業區
石化工業綜合體與
冷凍食品

瀬戸中央自動車道

岡山県

広島県

東広島

三原　尾道

広島

呉

瀬　戸　内　工　業　地　域

倉敷

岡山

坂出

宇多津

丸亀

さぬき

高松

手套製造

東かがわ

鳴門

香川県

冷凍食品

三豊

観音寺

冷凍食品

傳統工藝品團扇

徳島

小松島

阿南

今治

西条

新居浜

四国中央

冷凍食品

造船

毛巾

松山

造船

製紙紙漿王國

徳島県

住友集團企業重鎮

愛媛県

高知県

大塚製藥發跡地

傳統工藝品土佐和紙

南国

高知

室戸

八幡浜

西歐公司創辦人出身地、
ORTUSTECH的工廠

宇和島

須崎

四万十

宿毛

圖例

———	新幹線
———	JR線
———	私鐵線
———	高速公路
———	汽車專用道
———	其他道路

北海道地區

東北地區

關東地區

中部地區

近畿地區

中國地區

四國地區

九州、沖繩地區

住友集團的企業重鎮——新居濱市

鄰近四國中央市的新居濱市，以住友集團企業重鎮著名，源於江戶時代的別子銅礦山。

為日本最初石化工廠所建立之地，也是住友化工、住友重機械的發跡地。曾幾何時銅礦山關閉了，但現在仍有非鐵金屬類工業在運作。由於周邊被稱為東洋的馬丘比丘，以觀光旅遊為轉機重新發跡。

向高品質品牌化邁進的毛巾工業

與新居濱相鄰的西條市和今治市是造船業的重鎮，1950年代末至1990年代前半，日本是世界上最大的造船國家。但是現在已被韓國與中國取代。與其他產業共通的是對於技術開發保持熱忱卻無意壟斷，是日本產業的特徵。雖然製造量與前述國家毫無競爭力可言，但是技術對於日本來說還是看家法寶。

這樣的產業資產並非單為企業所有，國家也應全力扶植，想辦法好好守護。

今治是日本最有名的毛巾產地，雖然不可避免與中國製和韓國製的廉價毛巾苦戰，但是近年以走高品質、品牌化毛巾殺出一條活路。

大塚製藥發跡地、鳴門卡西歐故鄉——南國市

接下來是德島縣。鳴門市有以娥羅納英H軟膏與奧樂蜜C碳酸飲料著名的大塚製藥，至今此地仍有工廠。

高知縣由於山地眾多，使得陸路相較不便。以電子計算機與G-SHOCK風靡一時的卡西歐創辦人出身地——著名的南國市，現在則是高知卡西歐前身的ORTUSTECH工廠，主要生產中小型液晶螢幕。

傳統工藝品以土佐和紙為高知縣特產，起源可以追朔至平安時代。

九州、沖繩地區
Kyushu・Okinawa

北海道地區
東北地區
關東地區
中部地區
近畿地區
中國地區
四國地區
九州、沖繩地區

佐賀縣 （縣廳所在地：佐賀市）

人　　口	832,832 人
面　　積	2,440.68 k㎡
戶　　數	302,109 戶
人口密度	341.2 人 / k㎡
高齡者人口	229,335 人
高齡人口比例	27.7%

長崎縣 （縣廳所在地：長崎市）

人　　口	1,377,187 人
面　　積	4,132.09 k㎡
戶　　數	560,720 戶
人口密度	333.3 人 / k㎡
高齡者人口	404,686 人
高齡人口比例	29.6%

熊本縣 （縣廳所在地：熊本市）

人　　口	1,786,170 人
面　　積	7,409.35 k㎡
戶　　數	704,730 戶
人口密度	241.1 人 / k㎡
高齡者人口	511,484 人
高齡人口比例	28.8%

鹿兒島縣 （縣廳所在地：鹿兒島市）

人　　口	1,648,177 人
面　　積	9,186.94 k㎡
戶　　數	724,690 戶
人口密度	179.4 人 / k㎡
高齡者人口	479,734 人
高齡人口比例	29.4%

福岡縣 （縣廳所在地：福岡市）

人　　口	5,101,556 人
面　　積	4,986.40 k㎡
戶　　數	2,201,037 戶
人口密度	1,023.10 人 / k㎡
高齡者人口	1,304,764 人
高齡人口比例	25.9%

大分縣 （縣廳所在地：大分市）

人　　口	1,166,338 人
面　　積	6,340.71 k㎡
戶　　數	486,535 戶
人口密度	183.9 人 / k㎡
高齡者人口	351,745 人
高齡人口比例	30.4%

宮崎縣 （縣廳所在地：宮崎市）

人　　口	1,104,069 人
面　　積	7,735.31 k㎡
戶　　數	462,858 戶
人口密度	142.7 人 / k㎡
高齡者人口	322,975 人
高齡人口比例	29.5%

沖繩縣 （縣廳所在地：那霸市）

人　　口	1,433,566 人
面　　積	2,281.12 k㎡
戶　　數	560,424 戶
人口密度	628.4 人 / k㎡
高齡者人口	278,337 人
高齡人口比例	19.6%

根據「平成 27 年國勢調查」

當今除了沖繩僅有七個縣

原來有九個令制國的九州

從筑前、豐前到薩摩、大隅共九個令制國

雖稱為「九州」卻僅有七個縣（沖繩縣除外）。這個不可思議的答案來自於九州的舊國名，除了沖繩，曾存在於今日九州的令制國如下所示。

首先是位於現在福岡縣西部的筑前國以及南部的筑後國；現今佐賀縣與去除壹岐島和對馬島的長崎縣的肥前國。熊本縣則是以童謠〈肥後手鞠歌〉著名的肥後國；現在福岡縣東部以及大分縣北部的豐前國。

大分縣剩餘的地區則是以豐後水道等為人熟知的豐後國；以日向南瓜與日向灘等著名的日向國為今日的宮崎縣；鹿兒島縣東部以及奄美群島島嶼則是大隅國；鹿兒島縣剩餘部分則是以番薯聞名的薩摩國。

筑前、筑後、肥前、肥後、豐前、豐後、日向、大隅、薩摩剛好九個令制國，故此九個令制國群聚之地即為九州。

注意在江戶時代幕藩體制下，各個大名所治理的藩，其名稱與舊國名相同的狀況，在律令制的體制下地方政府的行政區劃分固定為66國2島（當初更多，2島是指現在隸屬於長崎縣的壹岐島和對馬島）。

但是幕藩體制下的各藩，依幕府政策被分割為250個藩左右，比起律令制體制的令制國多了四倍以上。因此，與舊國名相同的藩名雖然名稱相同，但是治理區域有一定差異。

從歷史脈絡思考或是在市町村等小規模區域進行考察時，需特別注意。

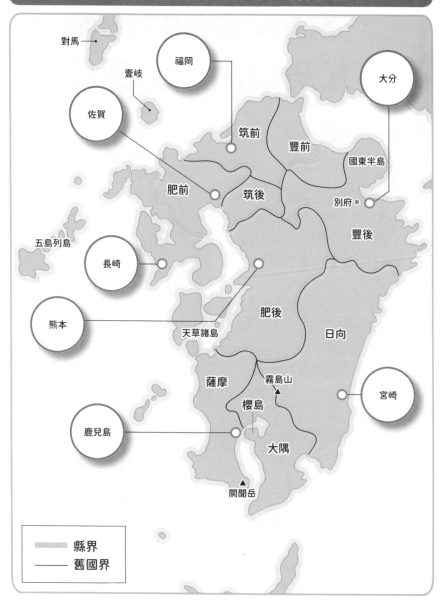

九州地區舊國名與現今的縣名

對馬

福岡

壹岐

佐賀

筑前

豐前

大分

國東半島

肥前

筑後

別府

豐後

五島列島

長崎

熊本

肥後

天草諸島

日向

薩摩

霧島山

宮崎

櫻島

鹿兒島

大隅

開聞岳

縣界
舊國界

北海道地區

東北地區

關東地區

中部地區

近畿地區

中國地區

四國地區

九州、沖繩地區

九州的玄關口——從福岡到最遠的沖繩

交通超便利的福岡
九州最南端的鹿兒島

受外國人歡迎的別府
位於大分縣

　　福岡縣在地理位置上雖在九州的西北方，卻是九州的政經中心。由於位於九州地區的玄關口，成為國內甚至與國外交流的重要據點。與本州島隔著關門海峽，由山口縣下關的「關門隧道」海底隧道連結兩大島，航空路線也有非常便利的福岡機場。

　　福岡縣東南方是以溫泉聞名的大分縣別府，有來自世界各地的旅人造訪，可以在街道上看見溫泉熱氣緩緩上升的壯大景色；西南方則是有「吉野之里」遺跡的佐賀縣，該縣的伊萬里窯燒也十分著名。

　　整個縣像是以半島地形構成的是長崎縣，由於沿岸有許多沉降式海岸，該縣的海岸線長度僅次於北海道，位居第二（若除去北方領土，長崎縣的海岸線則為第一）。其離島也是構成日本近千島嶼中擁有最多島嶼的縣。

　　昭和40年代時，神話的故鄉宮崎縣為許多蜜月旅行的首選地點，其魅力就在於溫暖的氣候。

以慵懶角色掀起話題
的熊本縣

　　宮崎縣西鄰的則是有「火之國」之稱的熊本縣。慵懶角色熊本熊使熊本在全國掀起話題，多火山的地理亦廣為人知。

　　九州本島最南端的是鹿兒島縣。櫻島是活動最為頻繁的活火山，也是幕末時代風起雲湧的舞台。距離福岡860公里（離鹿兒島650公里）左右的沖繩縣，為日本最南端的縣。以美麗的海洋以及豐富的琉球文化吸引許多觀光客造訪。

九州與沖繩的距離

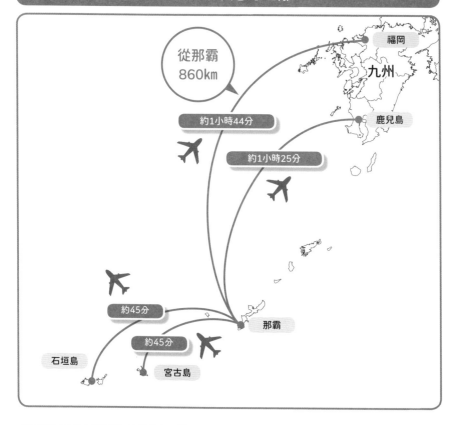

從那霸
860km

約1小時44分

約1小時25分

九州

福岡

鹿兒島

那霸

約45分

約45分

石垣島

宮古島

北海道地區

東北地區

關東地區

中部地區

近畿地區

中國地區

四國地區

九州、沖繩地區

大分縣溫泉爲日本第一！

源泉總數

大分	4,385
鹿兒島	2,764
靜岡	2,261
北海道	2,230
熊本	1,352

溫泉湧出量　　　　　　（L/分）

大分	281,331
北海道	206,564
鹿兒島	156,346
青森	153,054
熊本	133,661

根據環境省「平成28年度溫泉使用狀況」

北方的筑紫山地與中央的九州山地

筑後川所沖積的筑紫平原；球磨川所沖積的熊本平原

玄界灘外的壹岐與對馬

九州島北方與中央共有二大山脈——北部的低緩山地為筑紫山地，位在中央、高聳險要的為九州山地。

九州島北方的近海稱為玄界灘，由於海潮洶湧，是相當優質的漁場。位在對面有壹岐與對馬兩座著名島嶼。轉向西邊便能看到五島列島的各個島嶼，夾在五島列島與天草灘間的島嶼是天草諸島的各個島嶼；天草諸島與九州本島的八代間則有八代海。從熊本平原流向八代海的河川，是以日本三大急流之一著名的球磨川。依照字面的讀音為「kyuumagawa」寫為「熊川」，但這是錯誤的念法與寫法，「球磨川（kumagawa）」才是正確的發音與寫法。

筑紫山地的南方筑後川又被稱為「筑紫次郎」，該名稱亦為一首著名的合唱歌曲。筑後川注入以溼地著名的有明海，其下游沖積成廣大的筑紫平原；下游是以被稱為「小河」而為人熟知的柳川。

九州東方與瀨戶內海間夾著豐後水道，這裡所釣到的鯖魚或鰺魚又被稱為「關鯖」、「關鰺」是擁有高人氣的魚類。繼續南下則是海岸線平直的日向灘，沿著日向灘沿岸、形狀呈現南北細長的宮崎平原，曾是頻繁以蔬菜促進栽培的實驗地而廣為人知。

九州南端有大隅半島與薩摩半島

九州本島的南端從西邊到東邊的弧線，描繪出像鍬形蟲大顎般的薩摩半島與大隅半島；南方的細長島嶼，是以航太中心與鐵炮（洋槍）傳入而著名的種子島；隔壁的圓形島嶼是以屋久杉著名、列入世界遺產的屋久島。

九州地區的地形

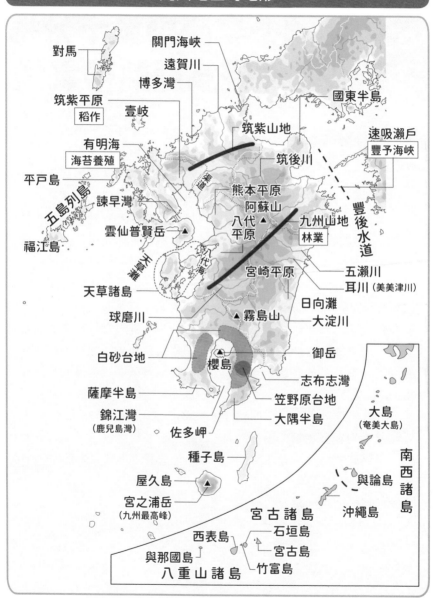

對馬

關門海峽

遠賀川

博多灣

筑紫平原
稻作

壹岐

國東半島

有明海
海苔養殖

筑紫山地

速吸瀨戶
豐予海峽

平戶島

筑後川

五島列島

諫早灣

熊本平原
阿蘇山
八代平原

九州山地
林業

豐後水道

雲仙普賢岳

五瀨川
耳川（美美津川）

福江島

宮崎平原

天草諸島

球磨川

白砂台地

日向灘
大淀川

霧島山

櫻島

御岳

薩摩半島

志布志灣

笠野原台地
大隅半島

大島
（奄美大島）

錦江灣
（鹿兒島灣）

佐多岬

種子島

屋久島

宮之浦岳
（九州最高峰）

與論島

沖繩島

南西諸島

宮古諸島

西表島
與那國島
八重山諸島

石垣島
宮古島
竹富島

北海道地區

東北地區

關東地區

中部地區

近畿地區

中國地區

四國地區

九州、沖繩地區

朝鮮半島擋住冬季季風

福岡冬季降雨量十分稀少；沖繩為亞熱帶氣候

宮崎是典型的太平洋岸式氣候

九州、沖繩地區位於日本最南端，全縣年均溫皆偏高。東京都與福岡縣的緯度幾近相差2度，南北半球的緯度僅各90度，緯度90度中的2度雖然不多，但在氣候上卻已經有相當大的差異。

福岡縣等九州北部雖為日本海側氣候，由於面臨對岸的朝鮮半島，受到冬季季風的影響較小，冬季的降雨量不多。

此外，宮崎縣等太平洋沿岸由於受到黑潮與颱風影響，屬於典型的太平洋岸式氣候，夏季降雨量多。

沖繩縣縣廳所在地那霸，緯度為北緯26度，從這裡開始便完全進入亞熱帶氣候。由於四面八方被海洋包圍，降雨量多，特別是集中在梅雨季及颱風眾多的夏季。

即使大量降雨，由於沖繩諸島是島嶼的緣故，因此沒有大型河流流經，加上沖繩本島的地基是由珊瑚礁所構成的石灰岩地基，如同海綿般充滿洞穴的地基使保水性不佳，即使頻繁降雨也不易存水。

沖繩正積極利用飲料以外的雨水資源。在北海道可以見到一般家庭在屋外設有堆積大容量燈油油桶的景色，同樣在沖繩也可以看到一般家庭在房屋外設置雨水水桶。雖然雨水不少，為了避免用水不足，水桶可是有極大貢獻。這些都蘊含著居住在此地的生活智慧！

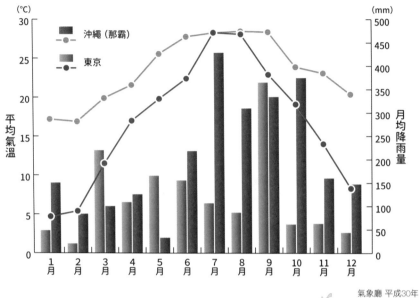

東京與沖繩的氣象比較

(°C) ... (mm)

沖繩（那霸）
東京

平均氣溫

月均降雨量

1月 2月 3月 4月 5月 6月 7月 8月 9月 10月 11月 12月

氣象廳 平成30年

東京

那霸

北海道地區

東北地區

關東地區

中部地區

近畿地區

中國地區

四國地區

九州、沖繩地區

農業島九州

農業產量占全國兩成；
耕地面積占全國一成

黑豬、黑牛品牌化

農業產量約占日本兩成、耕地占一成的九州，無疑是座農業島。九州的農業特徵與北海道相近——依照各地氣候與土地條件種植最合適的農作物，特別是畜牧與旱地作物為其強項。

以黑豬、黑牛品牌化成功的鹿兒島縣，以及以宮崎牛著名的宮崎縣是畜牧業王國，同時也是著名的養雞業地區。

宮崎平原利用溫暖氣候，輔以促進栽培，種植黃瓜與青椒，其他還有日向南瓜及青蔥。

說到鹿兒島與宮崎，則會讓人聯想到由火山灰堆積而成的白砂台地。

種植在白砂台地、耐旱的番薯

由於火山灰土保水性低，該地區不適合發展農業。以白砂台地為代表的鹿兒島笠野原台地，便是由辛苦的農民結合水壩灌溉的一大旱地。

主要種植耐旱的番薯、黃秋葵，另外也種植茶葉、菸葉、甘蔗等工藝作物。

說到工藝作物，就會想到熊本縣八代平原是榻榻米坐墊的原料——藺草的一大生產地，占了日本市占率九成。

九州其他各縣如福岡、佐賀、大分縣也種植了各種依材質而異的藺草，可以製作不同用途的榻榻米坐墊。

農業出貨量前五名（依縣別、項目）

佐賀

第1	米	262
第2	肉牛	169
第3	柑橘	148
第4	草莓	97
第5	雛雞	80

福岡

第1	米	400
第2	草莓	196
第3	雞蛋	128
第4	鮮乳	88
第5	葡萄	68

大分

第1	米	237
第2	肉牛	164
第3	豬肉	90
第4	鮮乳	79
第5	蔥	69

長崎

第1	肉牛	234
第2	米	127
第3	馬鈴薯	123
第4	豬肉	118
第5	柑橘	105

宮崎

第1	雛雞	730
第2	肉牛	708
第3	豬肉	517
第4	黃瓜	199
第5	米	172

熊本

第1	番茄	491
第2	肉牛	432
第3	米	377
第4	鮮乳	257
第5	豬肉	191

鹿兒島

第1	肉牛	1,245
第2	豬肉	723
第3	雛雞	584
第4	雞蛋	272
第5	米	205

單位：億日圓／農林水產省 平成28年

北海道地區
東北地區
關東地區
中部地區
近畿地區
中國地區
四國地區
九州、沖繩地區

夏柑、草莓、芒果等

水果大國——九州的潛力

熊本、宮崎是水果一大產地

九州是水果類（包含西瓜、草莓與番茄）的一大產地。在九州各地栽種了各式各樣的水果；熊本縣的夏柑、西瓜或是番茄常位居日本首位，哈密瓜以前也經常出現在電視廣告中，現在多作為公關推銷用的水果。

就連九州地區中最沒有農產品印象的福岡縣，其出產的奇異果與草莓產量也居全國前幾名，特別是在福岡縣農業綜合試驗所培育且註冊商標的「甘王草莓」，在群雄割據的高品質品牌草莓界中占有一席之地。以水產養殖著名的長崎縣，其枇杷生產量也常是全國第一。

以沖繩為主的南西諸島與日本本土完全不同，以栽種南方特有作物為主，例如鳳梨、甘蔗、芒果，以及製作「沖繩雜炒」的原料苦瓜與冬瓜產量，也經常是全國第一。

以邁向品牌化企圖讓農業再生

鳳梨兩年一種，一個鳳梨植株只能收成一顆鳳梨，為了維持地力，第三年需種植其他作物。有一段時間為了提供生質能源，許多農家改種植甘蔗。

不單單是沖繩，由於農產品進口自由化以及消費需求多樣化，打擊日本的傳統農業，許多農業因而改以觀光農業，開發品牌品種，使原本高產量農業轉換成高品質農業等，從事農業相關的人們運用其智慧跨越各種挑戰。

北海道地區

東北地區

關東地區

中部地區

近畿地區

中國地區

四國地區

九州、沖繩地區

九州果實產量

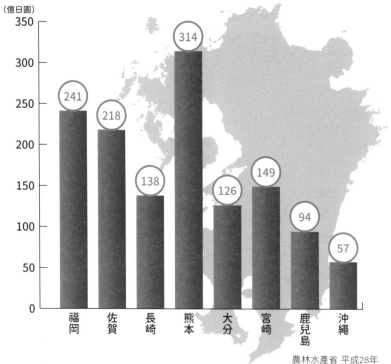

（億日圓）

- 350
- 300
- 250
- 200
- 150
- 100
- 50
- 0

福岡 241
佐賀 218
長崎 138
熊本 314
大分 126
宮崎 149
鹿兒島 94
沖繩 57

農林水產省 平成28年

福岡名產「甘王草莓」

column

　　在甘王草莓出現前，福岡以「豐之香」草莓為主要的品種，但是該品種的草莓外觀不佳，加上想要獲得更好品質因而栽培新品種的草莓，即是後來的「甘王」。甘王的尺寸比豐之香大了一倍，色香味俱全、酸甜多汁，是完美協調各種味道的草莓。

工業

以八幡製鐵廠爲起始

從矽島
轉爲汽車島

優勢在於土地及人事費用

在九州，有支撐近代日本工業的八幡製鐵廠，是日清戰爭（甲午戰爭）由大清帝國支付的戰爭賠償金所建造，該工廠支撐了日本的重化工產業發展，也提供當時日本富國強兵政策的強力後盾。

但是鐵礦的輸入國從原本的中國變成澳大利亞，熔化鐵礦的能源也從煤改成石油，八幡製鐵廠的優勢逐漸減少。曾是日本四大工業區的北九州工業區，也縮小成北九州工業地，現在的產值逐漸比不上北陸地區。

但是相較其他地區，低廉的人事費用以及廠地取得容易是其優勢，因此比較容易在九州地區投資建立新型工廠。1960年代以後，「新產業基礎」的積體電路製造工廠群聚在九州，九州也被稱為「矽島」，現在則因眾多的汽車工業被稱為「汽車島」。

北九州小倉市所製造的衛浴廁所陶瓷，以及聞名世界的輪胎製造商「普利司通」的發跡地久留米市，當地製造的橡膠製品是具代表性的工業產品。順帶一提，回溯製造輪胎的橡膠原是「忍者鞋」的橡膠，十分有趣。

大分縣則有作為企業小說原型的工業綜合體與製鐵工廠，另外，三菱重工的發跡地，以及建造帝國海軍戰艦「武藏」的長崎縣長崎市和佐世保市，其造船業至今仍十分興盛。

感覺九州的工業可說是混合了新創與傳統，接下來還會碰撞出怎麼樣的火花，值得期待。

北海道地區

東北地區

關東地區

中部地區

近畿地區

中國地區

四國地區

九州、沖繩地區

九州主要的工業以及傳統產業

久留米市
橡膠　普利司通久留米工廠
橡膠鞋　朝日鞋廠
鞋　MoonStar
久留米混織布
博多織物　福岡市

小倉市
八幡製鐵廠（新日鐵住金）鋼鐵、汽車
TOTO　衛浴廁所陶瓷製品

苅田町
日產汽車九州
汽車

唐津市
唐津窯燒

宮若市
豐田汽車九州
汽車

中津市
大發工業
汽車

有田町
有田窯燒
伊萬里窯燒

北九州工業區

別府市
別府竹編

大分臨海工業區

山鹿市
山鹿燈籠

長崎市
長崎造船廠
（三菱重工）
造船

延岡市
旭化成延岡工廠
纖維、醫療

大分市
大分製鐵廠
（新日鐵住金）
鋼鐵

新大分電廠
（九州電力）
電力

大分煉油廠
（JXTG能源公司）
石化工業、電機

鹿兒島市

水產大國九州

九州三大漁港——
博多港、長崎港、枕崎港

珍珠、鰤魚、鰻魚產量全國數一數二

九州全縣皆臨海，各縣的漁業十分發達，其中博多港、長崎港與枕崎港更被指定為第三類特種漁港。

臨日本海的博多港是捕撈鯵魚、鯖魚、海鰻、馬加鰆魚等魚類的好地方；與東中國海連接的廣大大陸棚長崎漁港，聚集了所有良好漁港條件於一身，可以捕撈到鯵魚、鰤魚、鯛魚、鯖魚、沙丁魚、魷魚等餐桌或壽司店中常見的魚貝類食材；太平洋沿岸的枕崎港則是鰹單釣的基地，鹿兒島的柴魚產量經常位居日本第一。

話題移到養殖漁業，九州以養殖珍珠著名，特別是長崎縣大村灣以及佐賀、熊本、大分、鹿兒島等各縣生產額與產量皆位居前段。

說到日本養殖漁業第一的縣市，便會想到鹿兒島的鰤魚以及鰻魚養殖，特別是對首都圈的人來說，提到鰻魚便想到濱名湖或是靜岡縣，不過讓許多人感到意外的是，九州的宮崎縣鰻魚養殖也經常位居前段。

提到車海老，東日本地區的人大多不曉得，其實九州可是車海老（車蝦）王國。以沖繩縣為首、鹿兒島縣還有熊本縣，這些地區每年的車海老產量皆位居前段。熊本的真鯛養殖也十分興盛，此外，雖不是魚類但對日本人來說非常重要的海產——紫菜，其中的有明海、佐賀縣與福岡縣的產量亦為全國首屈一指。九州真不愧被稱為水產大國。

什麼是第三類特種漁港？

　　日本的漁港分為第一類到第四類漁港：第一類漁港是當地人使用的漁港；第二類是廣域運用型的漁港；第三類漁港則是全國漁民皆會使用的漁港。

　　比較特別的是，還有第四類漁港與第三類特種漁港：第四類漁港是離島或偏遠地區，為了發展漁業或建為避風港而使用的港口；第三類特種漁港則是作為振興漁業、無論如何皆不可或缺的漁港。

　　以機場做對比，即是樞紐機場。全國有13個第三類特種漁港，從以下地圖即可一目了然，其中北海道、關西和四國沒有第三類特種漁港。東北的太平洋沿岸有四個，九州有三個，這就是九州作為水產業大國的依據。

沖繩離島的各種魅力

宮古諸島以及
八重山諸島的石垣島

八重山列島北方的
尖閣諸島領土問題

沖繩諸島位在九州南端距離鹿兒島650公里，以沖繩本島為主。從沖繩本島距離300公里以南，才能抵達以宮古諸島及以石垣島為中心的八重山諸島。

天氣預報中曾將宮古諸島與八重山諸島統稱為先島諸島，但是這樣的稱呼不被當地人接受。果然還是應該將宮古以及八重山分割清楚。

近年有許多人以觀光景點及觀光目的，移居到宮古諸島及八重山諸島。可以在宮古諸島上開車兜風，體驗三座知名大橋——池間大橋、來間大橋、伊良部大橋所帶來的美景。

在八重山諸島的石垣島，可以看到不輸給其他地方、如翡翠般的川平灣美景。石垣島的新機場啟用後，渡輪港也整備完整。以星砂、西表山貓、大冠鷲、食蛇龜及紅樹林著名的西表島，以及因NHK晨間劇《水姑娘》而著名的小濱島，都是可以特地探訪的景點。

也可以從石垣島搭乘飛機抵達日本最西端的與那國島，電視劇《小孤島大醫生》以其為舞台。由於班機常被氣候影響，因此想造訪該島需要有充足的時間。

另外，八重山諸島以北則是與中國有領土爭議的尖閣諸島，為爭奪資源而造成的領土問題是歷史上常有的悲哀現實問題。

沖繩諸島 (相片：AFRO)

東中國海

伊良部大橋

鹿兒島

屋久島
種子島

尖閣諸島

尖閣諸島

奄美大島

伊平屋島
伊是名島
久米島
慶良間島
沖繩本島

與論島

沖繩諸島

慶良間諸島

台灣

八重山諸島

與那國島
水納島
小濱島
西表島
波照間島
多良間島
石垣島
黑島
竹富島

伊良部島
宮古島

宮古諸島

太平洋

川平灣

西表島的紅樹林

北海道地區

東北地區

關東地區

中部地區

近畿地區

中國地區

四國地區

九州、沖繩地區

近年火山活動頻繁的九州火山

雲仙普賢岳、阿蘇山、櫻島及新燃岳火山

神所居住、讓人敬畏的火山

九州各縣的共同特徵就是溫暖，特別是沖繩等南西諸島更是位居亞熱帶。八重山諸島每年3月會舉行開海儀式。

說到九州，便會聯想到火山。九州的活火山數量與其他地方相比高出許多，近年來火山活動頻繁的活火山也逐漸增加。

首先是位於長崎縣島原半島的雲仙普賢岳。從1990年火山噴發後，隔年便開始大爆發，許多為了取得火山樣本的當地消防人員及相關人員，在火山碎屑流中失去寶貴性命。順帶一提，雲仙岳諸座山中最高峰——平成新山，如同其名，是在平成時代形成的山，在平城火山大爆發中形成的火山穹丘，比普賢岳還更高聳。

大約位在九州的正中央有個火山噴發後形成的窪地，這是以破火山口著名的阿蘇山。聚集眾多觀光客的阿蘇山也在2016年噴發，周邊地區禁止進入。

說到最近有噴發的火山，不要忘記從鹿兒島連綿到宮崎縣高聳於霧島連峰的新燃岳。在東日本大震災不久前，有報告顯示無論從何處皆能看到該火山整日噴煙。

在鹿兒島縣的霧島以及其他街道，都有象徵櫻島的圓錐形美麗開聞岳。

令人難過的是，現在的科技仍無法抑制火山噴發，在害怕火山帶來災害的同時，火山也帶來風光明媚的美景，以及不光是日本人、亦廣受世界歡迎的溫泉。可以使人類歡樂又能帶給人類敬畏的火山，可說是神明在大自然的具體展現。

九州主要火山

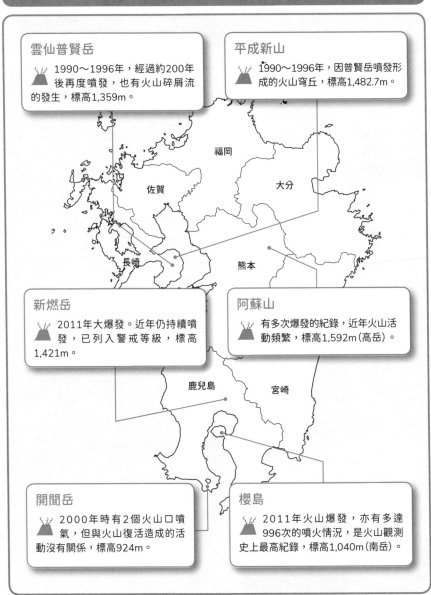

雲仙普賢岳

🌋🌋 1990～1996年，經過約200年後再度噴發，也有火山碎屑流的發生，標高1,359m。

平成新山

🌋🌋 1990～1996年，因普賢岳噴發形成的火山穹丘，標高1,482.7m。

新燃岳

🌋🌋 2011年大爆發。近年仍持續噴發，已列入警戒等級，標高1,421m。

阿蘇山

🌋🌋 有多次爆發的紀錄，近年火山活動頻繁，標高1,592m（高岳）。

開聞岳

🌋🌋 2000年時有2個火山口噴氣，但與火山復活造成的活動沒有關係，標高924m。

櫻島

🌋🌋 2011年火山爆發，亦有多達996次的噴火情況，是火山觀測史上最高紀錄，標高1,040m（南岳）。

福岡

佐賀

長崎

大分

熊本

鹿兒島

宮崎

北海道地區

東北地區

關東地區

中部地區

近畿地區

中國地區

四國地區

九州、沖繩地區

九州、沖繩地區的觀光

宗像大社（世界遺產）
沖之島（世界遺產）

博多運河城、
博多祇園山笠、
博多DONTAKU
祭典

豪斯登堡

大浦天主堂
（世界遺產）、
長崎宮日節

福岡縣太宰府市的太宰府
天滿宮、大分縣宇佐市的
宇佐神宮等，都是九州具
代表性的神社佛寺；遺址
則有佐賀縣的吉野之里遺
跡。環濠集落則是日本古
城的濫觴；長崎的大浦天
主堂是日本現存最古老的
天主教建築，1953年時指
定為國寶，2018年選為世
界遺產。琉球王國與沖繩
也建立了獨特的文化，五
座琉球御城中有四座選為
世界遺產。（編輯部）

宇佐神宮

別府溫泉

黑川溫泉

瑞島
（軍艦島／世界遺產）

世界遺產

座喜味城跡
中城城跡
勝連城跡
今歸仁城跡
齋場御岳
園比屋武御岳石門
玉陵
識名園

屋久島（世界遺產）

① 熊野磨崖佛 @大分縣

傳說中惡鬼在一夜之間聚集此處，事實上這些是由石頭堆積而成的石階形狀。登上險峻的石階後，岩壁上會出現兩座雕刻而成的岩壁佛，現已指定為國家重要文化財產。

相片提供：豐後高田市 商工觀光課

② 太宰府天滿宮 @福岡縣

神社本殿建於菅原道真的墓地上，以永遠祭祀其神靈的神社，身為「學問、誠心、除惡的神明」，每年從日本全國各地約有1000萬人的參拜人次。

相片提供：太宰府天滿宮

③ 吉野之里遺跡 @佐賀縣

彌生時代大規模環濠集聚落，可以推知以「國家」為中心的聚落全貌，以及彌生時代600年間的變遷，是貴重的古代日本資料蒐集處。

相片提供：佐賀縣教育委員會

④ 長崎眼鏡橋 @長崎縣

1634年，由興福寺默子如定禪師所搭建，架設在長崎市中島川的石造二連拱橋，如同眼鏡般。1960年時被指定為國家重要文化財產。

相片提供：長崎市官方觀光網站

⑤ 熊本城 @熊本縣

橫跨中世紀到近代約400年歷史的重要舞台，是日本三大名城之一，以被稱為「清正流」的建築工法成為大名的城池，亦被評價為「日本第一城」。

相片提供：熊本城綜合事務所

⑥ 日南太陽花園 @宮崎縣

世界唯一得到復活節島長老會特別許可、取得七座摩艾石像的主題公園。園內有蝴蝶的地上繪畫、世界珍稀昆蟲、紀念品專賣店以及餐廳等。

相片提供：日南太陽花園

⑦ 櫻島 @鹿兒島縣

世界著名活火山「櫻島」火山，人口約有5400人，是座火山與人類共存的島嶼。擁有火山噴煙頻繁的南岳與大岩漿庫，以及特別的農產品與水產資源，關於火山噴煙的神話傳說也非常豐富。

相片提供：鹿兒島市

⑧ 首里城 @沖繩縣

世界遺產

建於丘陵地的城池，位在沖繩縣那霸市首里，可眺望以國際貿易為據點的那霸。以「琉球王國御城以及關聯遺產建築群」為名列入世界遺產。

相片提供：國營沖繩紀念公園 首里城公園 首里城正殿

対馬　対馬　長崎縣　五島列島　中通島　福江島　五島

用平灣　与那国島　八重山諸島　宮古島　西表島　石垣島　宮古諸島　小浜島　奄美大島　奄美諸島　徳之島

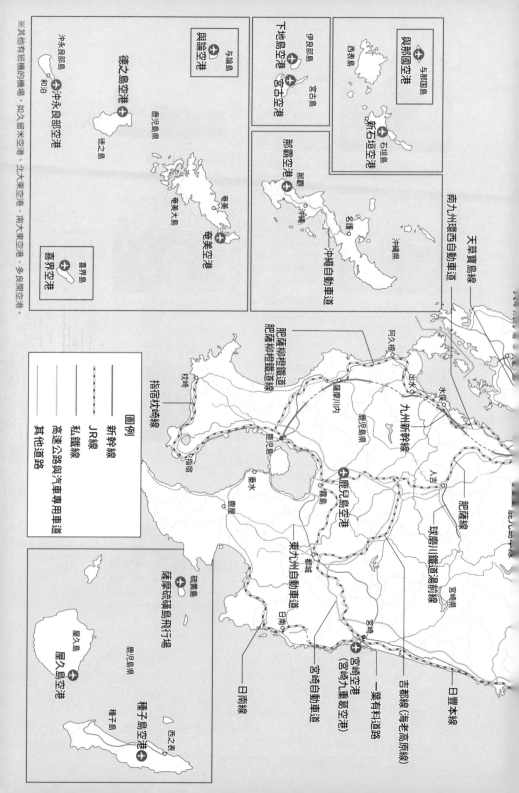

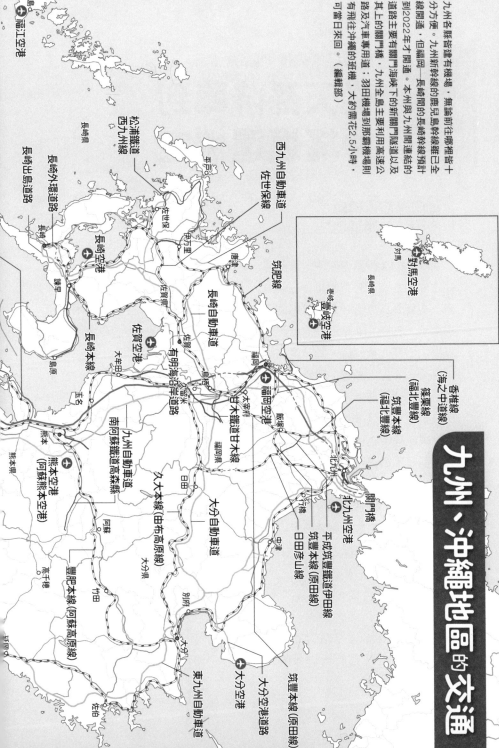

九州、沖繩地區的交通

九州各縣皆建有機場，無論前往哪裡想十分方便。九州新幹線的鹿兒島本線雖已全線開通，但福岡－長崎間的長崎幹線預計到2022年才開通。本州與九州間的連結有關門橋、九州海底下的新關門隧道以及道路主要有關門橋、九州海底下的新關門隧道以及其上的關門橋。九州全島主要利用高速公路及汽車專用道。羽田機場到那霸機場則有飛往沖繩的班機，大約需花2.5小時，可當日來回。（編輯部）

曾是日本先進地區的九州

從天孫降臨到沖繩返還協定

歷史

福岡是面對朝鮮、中國的前線基地

宮崎縣的高千穗傳說中是天孫降臨之地，推定最有可能是位在高天原，也就是以卑彌呼女王著名的邪馬台國，其所在地是與畿內假說同為有力的北九州假說。當時的先進地區中國，經由最近的陸路朝鮮半島將文化傳入日本，因此古代的九州無疑是日本最進步的地區。

後來政經中心移至大和地區後，九州仍是軍事重地，在此處設置了大宰府，並派遣當時稱為「防人」的官兵駐守。鎌倉時代，蒙古帝國侵略日本，九州也是當時最有迎戰經驗的主戰場，在此之前也發生過像是「刀伊入寇」等國難。

鎌倉幕府滅亡後，初代室町幕府將軍足利尊氏與後醍醐天皇對立，當時主要治理九州的氏族雖是少貳氏，但戰國時代後大內氏與大友氏等氏族勢力抬頭。經過地理大發現，歐洲人為了獲取亞洲資源，九州的地理位置便成為日本的玄關。

洋槍是從種子島、天主教則是從鹿兒島廣泛流傳到日本全國。信仰天主教的教徒大名也登上舞台，例如戰國末期幾乎統一九州的島津氏。但在秀吉統一日本之前，島津氏已經是秀吉麾下的一介武將家族。

之後秀吉為了向朝鮮進軍，在前線的佐賀縣建造了名護屋城作為基地，為此九州成為日本全國武將交流的一大基地。

江戶時代，秀吉的軍師黑田如水以及興建熊本城知名的加藤清正等著名大名被分封在九州。由於江戶幕府對他們抱持警戒心，導致最後許多大名紛紛加入倒幕的行列。

九州的歷史地圖

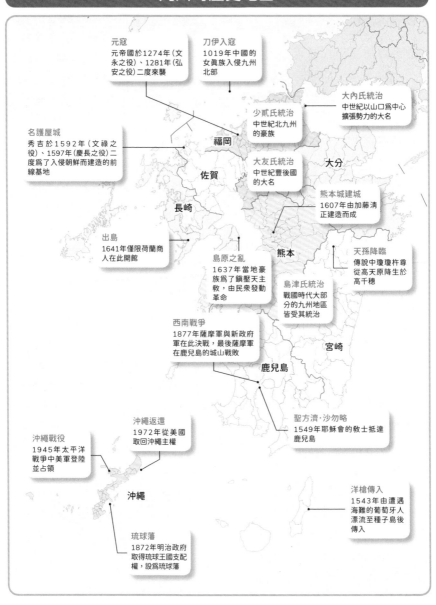

元寇
元帝國於1274年（文永之役）、1281年（弘安之役）二度來襲

刀伊入寇
1019年中國的女真族入侵九州北部

大內氏統治
中世紀以山口為中心擴張勢力的大名

少貳氏統治
中世紀北九州的豪族

名護屋城
秀吉於1592年（文祿之役）、1597年（慶長之役）二度為了入侵朝鮮而建造的前線基地

大友氏統治
中世紀豐後國的大名

熊本城建城
1607年由加藤清正建造而成

出島
1641年僅限荷蘭商人在此開館

島原之亂
1637年當地豪族為了鎮壓天主教，由民眾發動革命

天孫降臨
傳說中瓊瓊杵尊從高天原降生於高千穗

島津氏統治
戰國時代大部分的九州地區皆受其統治

西南戰爭
1877年薩摩軍與新政府軍在此決戰，最後薩摩軍在鹿兒島的城山戰敗

沖繩返還
1972年從美國取回沖繩主權

聖方濟·沙勿略
1549年耶穌會的教士抵達鹿兒島

沖繩戰役
1945年太平洋戰爭中美軍登陸並占領

琉球藩
1872年明治政府取得琉球王國支配權，設為琉球藩

洋槍傳入
1543年由遭遇海難的葡萄牙人漂流至種子島後傳入

福岡　佐賀　長崎　大分　熊本　宮崎　鹿兒島　沖繩

可說是薩摩內戰的西南戰爭

江戶幕府第三代將軍德川家光時代，在天草、島原等地禁止人民信仰天主教，對於天主教徒與藩主進行過度鎮壓，不堪受苦的農民便團結起來，在島原與天草發起革命。為鎮壓此一革命、縮小天主教影響力，便下令執行海禁政策，也就是鎖國政策。在此情況，為了與西歐文化交流，於是在長崎設置出島，成為唯一的合法國門。

在南國的大藩，薩摩藩外樣大名殘存到幕末，以巧妙的和親政策，讓遠離江戶的薩摩藩能夠保有一絲生存空間。

江戶時代後期，第十一代將軍德川家齊的正宮「廣大院」、十三代將軍德川家定的正宮天璋院篤姬，即從薩摩藩嫁入幕府，可見薩摩藩深得江戶幕府信任。

原為幕末初期幕府精銳的薩摩藩，在薩英戰爭後替換立場，投向倒幕陣營，以西鄉隆盛與大久保利通為首的明治維新英雄輩出。

但是維新成功之後，西鄉與大久保產生矛盾，從新政府辭去的西鄉成為鹿兒島對新政府憤恨不平的氏族們的領袖，發動並捲入西南戰爭。一番苦戰後新政府軍勝利，而新政府軍派遣入薩摩藩的拔刀隊又有許多人是薩摩藩出身，因此西南戰爭可說是薩摩藩的內戰。

由於薩摩藩苦於被幕府控制，因此對同時期存在的琉球王國施加壓力。琉球以前也曾經抵抗遠彌計赤蜂，完整支配八重山諸島。

使日本波濤洶湧的沖繩

1872年，明治政府廢除琉球王朝改設琉球藩，此後琉球成為日本中央極權體制下的行政區，1879年廢除琉球藩改設沖繩縣。

但是沖繩也是第二次世界大戰悲劇的舞台，戰後沖繩成為美國的託管地，1972年沖繩返還日本。現今除了有令人苦惱的沖繩基地問題，另一方面，駐紮於沖繩的美軍卻又是沖繩經濟來源，這件複雜的事情到了今日仍無法順利解決。

後藤武士

1967年生於岐阜縣，畢業於青山學院大學法學系。除了寫書與演講活動的工作外，亦爲一名活躍的教育評論家、平成研究家、社會研究家。惠那市觀光協會顧問、公益財團法人伊藤靑少年育成獎學金理事，出席許多媒體節目以及紙本媒體取材。著有《一讀就能清楚理解的日本史》（読むだけですっきりわかる日本史，寶島社文庫）爲作品銷售百萬的作家。

主要參考文獻

●書籍

《日本國勢圖會 2018／19年版》公益財團法人矢野恒太紀念會、《中學社會科地圖》帝國書院、《預習系列社會五年上》四谷大塚出版、《預習系列社會四年下》四谷大塚出版、《詳說日本史》山川出版社、《詳解現代地圖2018-2019》二宮書店、《認識當代卽認識時代 日本地圖2018年版》成美堂出版、《最新基本地圖2016 世界、日本四十訂版》帝國書院等

●官方網站

經濟省、氣象廳、農林水產省、NEXCO東日本、NEXCO中日本等

「日本地理大補帖」

出	版	／楓樹林出版事業有限公司
地	址	／新北市板橋區信義路163巷3號10樓
郵 政 劃 撥		／19907596　楓書坊文化出版社
網	址	／www.maplebook.com.tw
電	話	／02-2957-6096
傳	真	／02-2957-6435
作	者	／後藤武士
審	定	／蔡亦竹
翻	譯	／陳政安
企 劃 編 輯		／陳依萱
校	對	／黃薇霓
港 澳 經 銷		／泛華發行代理有限公司
定	價	／380元
出 版 日 期		／2020年5月

國家圖書館出版品預行編目資料

日本地理大補帖 / 後藤武士作；陳政安
翻譯. -- 初版. -- 新北市：楓樹林，
2020.05
ISBN 978-957-9501-69-9（平裝）

1. 歷史地理　2. 日本史

731.69　　　　　　　109002700